生と死の教え

谷口清超

日本教文社

はしがき

この人生は、果して面白いか、それともつまらないか。最近の映画やドラマはあまり見ていないが、たまに見ると、現実離れがしていて、時にはスイッチを切ってしまうこともある。しかし現実の人生は、切るスイッチも見つからず、外に出る出口もないようだ。

すると突然とんでもない同時テロが起り、ニューヨークの世界貿易センターに、相ついで二機のハイジャック機が突っ込んで、南北の高層ビル並びに周辺ビルが崩壊した。その他の二機もハイジャックされて、重大な破壊工作を行った。このような筋書きは、一体誰が作ったのか。一人又は何人かの人間の心で作ったものであり、決して神の作品でもなく、良識ある人間の作品でもない。しかも全世界の人々が、この作品を強制的に「見せられる」し、中には五千人以上の「巻き込まれた人々」も出るといった始末で、それに加えて世界的戦乱状態が続くことになったのである。

そこには多くの「生と死」が交錯し、この現実は人々に大切なことを「教え」ている。その「教え」とは何だろうか。一口に言うことは難しいが、強いて言えば、「正しい神を信じなさい」ということだろう。人は何を信ずるかによって、自らの運命を決める。そして「神が戦え」というのなら、戦うことを望むであろう。「神が敵を憎め、手段を選ばず戦え」というなら、テロでもウソ八百でも言い立てて、「目的」を達成しようと、自らの運命を「自縄自縛する」のである。

人は誰でもこの世に生れて来る。そして又必ず死を迎える。ひっそりとした静かな自然死もあるが、殺害や破壊を繰り返した悲惨な死もある。しかしそれで全てが終るのではなく、本当のいのちは死にはしない。又どこかへ生れてくるのだ。それは丁度芝居の一幕が終っても、その役者は次の一幕にも出て、さらに別の芝居を続けるようなものである。

この繰り返しの中で教えられ、鍛えられ、高められるのである。〝本当のこと〟が次第に判ってくる。そして救われていくのである。しかもそこには教えてくれる父母や、先輩たちがいるはずだ。これらの〝指導者〟が教えてくれるのだ。例えば平成十三年九月十七日の『毎日新聞』に、福岡県田川市の丹下初夫さん（七三）の次のような投書がのっていた。

『随分と以前、親類宅で中学3年の子が喫煙しながら「たばこ盆」と言い、母親がそれを渡すのを見て驚き、怒りさえ覚えた。「うちの伜《せがれ》ならぶったたいてやるのに」と思い父親を見ると笑顔を浮かべていた。

数年後、大学2年になった長男が夏休みに帰省した。夕食後、私の前でたばこに火をつけた。ためらったが苦言を呈した。

「お前を大学にやるためにおれは酒もたばこもやらない。お母さんの年金の掛け金さえ停止して送金している。お前が就職後なら干渉はしない。それに禁煙する苦労は並大抵ではないぞ」と。

伜は黙って火を消した。以来、44歳の今日まで吸っていない。今は「あの時、注意されて良かったと思っている」と言っている。散歩の途中、中学生がたばこを吸っているのを見ると、親類のあの親子を思い出す。可哀そうだ。』

中学生に「たばこ盆」をとって渡す母親は、とんでもない〝指導者〟であるが、大学生のたばこ吸いに、自分の禁煙のいきさつを話して忠告した父親は、よい〝指導者〟だったと言えるだろう。人はみな自分の体験と決意から、人々に何事かを教え、生れ且つ死んで行く。このような生死の人生は、一つの大きな〝学校〟であると同時に〝ドラマ〟でもある。

そこでこの人生を有意義に送るためには、どうしても正しい神を信じ、自分自身が「神の子」であるという本質を知り、それをわが子へ、わが兄弟へ、さらに隣人や知人に伝えて行くことが必要である。「正しい神」とは、悪も病気も不幸も、戦いもテロも作らない善一元の「神の国の創り主」なのである。しかし不完全な人間にとっては、分からない事だらけだ――という人もいるだろうが、本書にはそういう話など色々書いてあるから、ぜひご一読たまわりたいと思う次第である。

平成十三年十月二十三日

谷口清超しるす

生と死の教え　目次

第１部

何を学ぶか

一　生と死の教え

やっと救われる

この人生というものは、生まれることから始まり、死ぬことで終るようにできている。これには一人の例外もないから、大変〝公平な〟仕組みだと言えるだろう。そして又生まれた時は喜ばれるが、死ぬときは悲しまれる。たまにはその逆の人もいるけれども、それは「気の毒な人たち」と言う外はない。

しかしどんな人でも、生と死とからは多くの教訓が与えられるものだ。さらにちょっとしたことで、生と死が分かれることがある。例えば、平成十年七月二十三日の『産経新聞』には、パプアニューギニアの津波のことで、こう書かれていた。

『【ポー（パプアニューギニア）22日AFP＝時事】パプアニューギニア北西部を十七日夜襲《おそ》った津波で、津波にのみ込まれた母親と生後二週間の女児が奇跡的に生存していたことが二十二日、分かった。

助かったのは、アロプ村のブランディン・スパイオンさんとその娘で、津波にのまれ、ココナツの木の上に投げ出された。スパイオンさんは木の幹につかまっていたが、木は流されずに持ちこたえた。スパイオンさんはこの間、娘を抱きかかえたままだった。波が引いた後、木から下りて、タコノキの枝にしがみついて礁湖を漂流していたところを助け出されたという。

スパイオンさんは津波で一歳の長女を失ったが、奇跡的に助かった女児には長女の名をとってキャシーと名付けるという。』

これは、生後二週間の女の子が、母親によって抱かれて長時間海上を漂流して助けられたという珍しい生存の記録である。さらに同日の同紙には、中国の一人っ子政策に反して二人目の赤ちゃんを生もうと思い、日本に密入国して捕えられた女性被告が、松江地方裁判所で「刑を免除する」という判決をうけて救われたという記事も記されていた。

この例では、被告女性の胎内の赤ちゃんが「強制的人工流産」をさせられずにすんだのだから、おめでたい判決だったということができるだろう。大体一人っ子政策などという人権無視の政策それ自体が裁かれるべき存在であって、この政策の被害者数は未発表だが、大変な数に上るらしく、そのやり方も極めてひどいという話である。

舞台と学校

こうして人が生まれたり、助けられるという事例もある反面、この世に生を受けた人は、全て例外なく死ぬのである。これはどのような国王でも、宗教的天才でも、聖人君子であっても、極悪犯人でも皆同じである。何故同じかというと、人間の「いのち」そのものは「神の子」であり、不死・不滅であるが、その肉体は魂の使う〝道具〟だから、一定期間がすぎるとそれを捨てて、別の世界に入って行く。そして又別の人生を送りつつ、色々の事を学んで行くように出来ているからである。

ことに生と死とは、新しい道具の使いはじめと、終りであり、共にとても大切なことを学習するチャンスである。そして又次の人生では、さらに学習したことを生かしつつ、よりよい「いのち」の表現をやることになっているのだ。しかも女性は人生を始めさせる重要な役目をもっているから、男性よりも耐久力がすぐれていて、寿命も長いという特徴を持つのである。

さらに人が死に直面する時も、その介護《かいご》や看病などで、多くの人々の死によって貴重な教訓を得るという利点をあわせ持つのが普通だ。先にあげた人命救助の例でも、女性がその主役を演じているが、持って生まれた天性によるものであって、いたずらに「男も女も同権だ」と叫んだり、同じ生き方を求めたりするだけでは、まだ女性としての自覚が乏しいと言えるであろう。

そもそもこの人生は、ある意味では〝芝居の舞台〟であり、別の意味では〝人生学校〟という教室である。この〝舞台〟では色々のことを学習するし、〝教室〟でも多くのことを学ぶのであり、そこで懶《なま》けたり、サボッタリしていたのでは、どんなに実力があっても、その力は発揮されないものだ。ところが役者がその役割に全力を尽し、学生がその教室で力一杯学ぼうと努めている時には、メキメキと才能を伸ばし、名優となったり秀才となって、次の舞台や大学に進んで行くということになる。

例えば大分県北海部《きたあまべ》郡佐賀関《さがのせき》町に住んでおられる大石ちづ子さん（昭和二十四年四月生まれ）は、平成十年七月十九日総本山の団体参拝練成会＊で、こんな話をして下さった。ちづ子さんは家つきの娘さんだったから、ずっと実母さんと同居しておられた。ところが平成七年十一月のことだ。元気で一所懸命《いっしょけんめい》農業をやっておられたお母さん（大石美代子さん）が、直腸癌という診断を受けた。しかも悪性で、進行性のものだという。そこで早速国立大分病院に入院し、大手術を受けた。幸い順潮に回復し退院したが、翌年の十一月に、再び入院する必要に迫られた。その時は肺に転移していたし、幾つもの癌があって、治療の方法はないという診断であった。もう抗癌剤投与も止め、本人のしたいように、好きなことをさせて上げるのが一番よろしいといわれて退院した。

練成会と入院

これは明らかに、もはや肉体の死期が迫っているという現象であり、昔は癌をかくして本人や家族に知らさないという医師も多かったが、現在は〝情報公開〟に向かって大いに進みつつある。その方が本人や家族のためにも、人生の結末をどう迎えるかの問題を〝公案〟として与えられ、そこから数多くの教訓を学ぶよい機会となるのである。

こうしてちづ子さんは自宅で本人の喜ぶようにと心掛けて看病しておられたが、平成九年八月には三回目の入院となった。しかも暑い季節であり、病人が弱って来るのが目に見えている。「病院に行こう」と言っても、美代子さんは「もう病院には行かない」というのだ。母にはまだ癌と伝えてはいなかったが、何か死期を感じておられたようであった。

一方ちづ子さんは平成四年に生長の家に入信され、白鳩会*でも活躍しておられ、大分練成会*での司会の役を引き受けていた。けれども母の看病もあるので、とてもその役を引き受けることが出来ないような状態だった。ところがちづ子さんが、司会役を引き受けた直後、美代子さんは、今までいくら生長の家をすすめても聞いてくれなかったのに、自ら進んで、

「ゆにはの練成会*に行く」

と言い出した。そこでちづ子さんは八月十四日に母と布団を車にのせて現地に連れて行った。そして十七日には帰宅し、二十日には病院に連れて行って検査を受けた。するとそのまま入院したらよいのに、ベッドがあいていないというので、二十二日に入院するこ

とになった。

その時ちづ子さんは大いに悩んだのだ。それは平成九年八月二十一日という日は、母が家ですごす最後の日になるかも知れないと言われたので、この最後の日を母と一緒にいたいという思いがとても強かった。しかし八月二十一日は大分練成会が始まる日でもあり、ちづ子さんが初めて司会をする予定になっていた日である。だから休むわけに行かない。

「どうして司会なんか引き受けたのだろうか」と思い悩んだ。けれども結局、

「神様のことさえしていたら、悪いはずがない」

と気がつき、元気に明るく練成会に出席しようと決心した。そうしないと暗い顔付きでいては参加者にも申し訳がないと思い、明るい色の派手な服を着て家を出た。そして車を運転しながら、こう唱えた。

「私は神の子、完全円満、うれしい、たのしい、有難い。これから毎日、あらゆる点で必ずよくなる、きっと良くなる、全てよくなる、ますます良くなる……」

やがて一時間ぐらいで教化部*に到着した。そして無事に司会を務め、夜十時ぐらいに帰宅すると、母がこういうのだ。

「今日は、楽しかった！」

ちづ子さんは、さぞかし淋しい思いをしたのではないかと思っていたが、その反対だ。何があったのかと思ってきくと、五人のお友達が遊びに来てくれて、母もベッドにねたまま炭坑節を歌い、友達は踊ってくれた。ほんとに楽しい一日だったという話だった。

実相円満誦行

それを聞いた時、ちづ子さんは「やっぱり私は、神様のことをさせて頂いてよかった。生長の家の教えは間違いない」と気がついた。自分一人で何もかもやるわけには行かないが、たとえ死期を迎えた人の看護でも、多くの方々がそのお手伝いをして下さる。ただその心になり、神の国の完全円満に心をふり向け、そのお仕事に専心する限り、必ず道は開けるし、看護されるご本人も満足して下さるということを知ることができたのだ。

さて翌二十二日には入院させ、ちづ子さんは練成会へ出席したり、休みをもらって病院に行ったりするというような繰り返しで八月一杯をすごした。そして丁度《ちょうど》一ヵ月後、今までの大部屋から個室に移り、ちづ子さんはそれ以来二十四時間看病することができたのである。個室だから誰にも遠慮することなく、『生命の實相』*四十巻を母に読んで聞かせ、聖歌集をめくっては歌をうたってきかせ、「聖経読誦」*をしながら母に真理のお話をし、人間のいのちの不死・不滅を伝えたりして、まるで病室が練成会場であるかのような生活を送った。地方講師*の先生方も毎日お見舞に来て下さり、病気を忘れ、たのしい日々をすごすことができた。

　最後には、直腸癌末期の高熱が続き、水疱ができたが、中々《なかなか》便が出ない。本人は便所に行きたいというが、医師は癌の刺激で排便をもよおしているのだから、便は出ないのですよと、排便をさけようとされた。もし浣腸《かんちょう》すると、癌を刺激して出血するともう最後だから、浣腸剤も坐薬《ざやく》も使えないとおっしゃるのだ。

「じゃ聖経を誦《あ》げましょう」

というので『甘露の法雨』*で母のおなかをさすりながら一心に読誦した。すると自然に便が大量に排出され、何の出血もなかったのである。その時ちづ子さんは、

「有難うございます！」

と叫んだ。そして母に、

「母ちゃん、この便、捨てるの勿体《もったい》ないね」

と言ったところ、お母さんはとても嬉しそうな笑顔で看護婦さんに、

「娘が、私の便が勿体ないといってくれるよ」

といわれるのだ。そして、「又、出る」というので、結局四回も便が出て、すっかり気持がよくなってしまった。頭痛がするというと実相円満完全を唱えてその痛みも消えた。モルヒネの使用もやめ、痛みどめも不要となった。こうして円満誦行《しょうぎょう》をしながら千羽鶴を七千羽折ったとき、美代子さんの手が動かなくなり、声も出なくなり、ちづ子さんはただ母の傍にいるだけで、昔のたのしかったことや、うれしかったことを家族で話し合いつつ美しい最後を見とられたのであった。この最期《さいご》を迎えた時、ちづ子さんは自分も美しく化粧をして、母を見送られたということであった。

神を信じつつ

このような実の母との死別にも多くの尊い教訓が含まれているが、肉体が直接つながっていない姑《しゅうとめ》さんとの別れにも、すばらしい魂の向上が見られるものである。同じ日の団

参で、岡山県浅口郡鴨方町に住んでおられる虫明《むしあけ》節子さん（大正十三年五月生まれ）は、村一番のしっかり者と言われた姑の菊枝さんとの不調和で苦労した話をされた。そのため長女を生後五十三日目に、次女を生後十三日目に亡くし、何もかもが嫌になり、長男を連れて実家に帰ってしまったのである。

この事がきっかけで、実母の当《まさ》さんから生長の家を強くすすめられ、講師の方の家に連れて行かれたところ、この先生から、

「あなたが変わったら、変わっただけの事が出て来るのです」

と教えられた。節子さんはその時考えた。人の心や行動を変えることは難しいかも知れないが、自分を変えることなら出来るかも知れないと。そこで「声を出して笑う」こと、「有難うを言い続ける」こと、さらに「『甘露の法雨』を誦げること」を講師さんに約束して、迎えに来て下さった夫と共に虫明の家に帰って行ったのである。

さて、いよいよ鏡を見て笑おうと思うが、中々笑えない。泣き笑いのような声が出る。それを聞いて近所の人が、「頭がどうかした」と勘違《かんちが》いしたらしいが、不思議にも節子さんの体調は整ってきた。そのうち舅《しゅうと》さんが肝硬変、姑さんが胃癌だと宣告された。舅さん

はそれから十二年間も生きられたが、姑さんには胃癌が再発した。そのとき節子さんは、この病気は私が作ったのだと思った。姑さんはどんなにか私に我慢されたことだろう、そう思うと、どうにかして姑さんに一つだけでも喜んでもらいたいと考えた。

そのころ菊枝さんの床《とこ》ずれは激しくなり、痛みに耐えかねておられたが、ある日節子さんが姑さんの顔をのぞき込んで話しかけた時、フト背中の下に手を入れたのである。すると一瞬、

「ああ、気持がいい……」

とおっしゃった。そしてその手の上で、三十分ほど眠られた。その嬉しそうな寝顔を見た時、今この姑に喜んでもらえる事は、こうして手を差し込んで上げる事だ、と気付いた。以来節子さんは時間のゆるす限り、菊枝さんの背中に手を差しこんで、一心に看病を続け、愛念を送られたのである。もう瘦《や》せ細った小さな背中だったが、まるで二人の死んだ子を抱えているような気持で、姑さんの背中をやさしくささえておられた。

こうして二十四、五日たった頃、急に菊枝さんは、今まで反対していた生長の家の話を「聞かせてほしい」とおっしゃった。節子さんは飛び上がるような喜びで、笠原鹿三講師に

来て頂き、生長の家の「神の子・人間・不死・不滅」の話をしてもらった。すると菊枝さんは大きな声で泣き出された。席を外していた節子さんが、驚いて飛んで行くと、姑さんは節子さんの方に向かって合掌し、

「おかあちゃん、すまなんだ、すまなんだ。おかあちゃん、申し訳なかった……」

と言って泣かれるのだ。節子さんは恥ずかしくてたまらず、

「お母さん、ちがうんです。私の方こそ、すみません、すみません……」

と言って、お互いに心の底から謝ることができた。さらに姑さんは、節子さんが毎日あげていた『甘露の法雨』をだかせてほしいとおっしゃって、胸に抱き、ありがとうと言いながら、それから一週間後に大往生された。現在節子さんは地方講師となられ、毎月七ヵ所ぐらいの誌友会*に行って後進の方々に教えを伝えておられるし、前に述べた大石ちづ子さんは白鳩会の支部長として光明化運動の第一線で大活躍をしておられるのである。

*総本山の団体参拝練成会＝長崎県西彼杵郡西彼町喰場郷一五六七にある生長の家総本山に、団体で各教区

ごとにまとまり、参拝し受ける練成会。練成会とは、合宿して生長の家の教えを学び、実践する集い。
＊白鳩会＝生長の家の女性のための組織。全国津々浦々で集会が持たれている。
＊大分練成会＝大分市中島西一―八―一八にある、大分県教化部で行われる、地方練成会のこと。
＊ゆには練成会＝福岡県太宰府市都府楼南五―一―一にある、生長の家の道場で行われる練成会。
＊教化部＝生長の家の各教区における布教、伝道の中心となる拠点。
＊『生命の實相』＝生長の家の基本聖典。頭注版・全四十巻、愛蔵版・全二十巻。昭和七年発刊以来、累計一千九百万部を数え、無数の人々に生きる喜びと希望を与え続けている。生長の家の創始者・谷口雅春著。（日本教文社刊）
＊聖経読誦＝『甘露の法雨』をはじめとする生長の家のお経を誦えること。
＊地方講師＝自ら発願して、生長の家の教えを居住都道府県で伝える、一定の資格を持ったボランティアの講師。
＊『甘露の法雨』＝宇宙の真理が分かりやすい言葉で書かれている、生長の家のお経。詳しくは、谷口清超著『『甘露の法雨』をよもう』参照。（日本教文社刊）
＊誌友会＝生長の家の真理を学ぶ会。主に居住地域単位の日常的な集まり。

二　死生一如について

死んだらどうなる

近頃は医学の進歩により、死にかかった人も何とか生かして長持ちをさせることが出来るようになった。このこと自体は結構なことだが、それでもせいぜい百歳前後しか生きられない。では肉体が死んだ時、人はもう命のない物質と化するのであろうか。人の命とはたったそれだけのもので、以後は骨や灰だけのものかと勘違《かんちが》いすると、人生の意義が失われてしまうのである。

「灰になるために何故《なぜ》こんなに働かなければならないのか」

「灰になるのなら最初から灰のままでいた方がいいではないか」

ということも言えるからである。ある日、大阪のSさんからこんな質問の手紙を頂いた。

『(前略)第一は、いわゆる脳死問題です。先生も先刻ご承知のことと存じますが、世間一般で、現在いわゆる臓器移植が問題になっております。心臓移植、腎臓移植、はては動物からの移植もアメリカでは行われていると、マスコミは報じています。無論これは、「脳死」を人間の死と認めた上での医学的処置でありますが、日本ではようやく最近になって、政府の諮問《しもん》機関が、脳死は人の死であることを認定致しました。これには少数の反対意見が付記されておったようですが(哲学者の梅原猛《たけし》さんはその一人です)。死はすべての人間が現象生活の最後に行き着くところであり、従ってすべての人間にとって最大の関心事です。生長の家は人間生命の生き通しを説いており、死後の生命についての詳しい研究もあります(『生命の實相《じっそう》』霊界篇など)。が、脳死問題や、臓器移植問題にはあまり触れられていないように思います(私の知る範囲では)。無論、ことは極めて微妙、且《か》つ専門的知識が必要かもしれません。あるいはまた、死の判定は本来、医者の仕事であり、宗教家の仕事ではないのかもしれません。が、それでも、臓器移植が行われれば助かるかもしれないという患者が、多数いると聞きます。だが、日本では臓器提供者が極端に少ないということです。だから、そうした患者は、臓器移植のできる外国に行って手術を受けるということが時々新聞などに報道されています。同じ日本人として、一体これでいいのかと思わずにおれません。要は、日本人の「死」に対する考え方、遺体に対する考え方――に帰着するようです。そしてそれこそ、宗教家の仕事と言えるのではないでしょうか。（中略）』

脳死問題

ここに書かれているように、生長の家では人の命は無限であると言う。つまり人間は死なないのが本当で、死んだように見えるのは肉体だけだと言うのである。しかし肉体が死ぬのも現実であって、これを否定することは出来ない。そこで肉体は本当の人間の「いのち」ではなく、肉体という道具の耐用年数のような問題である。例えばある人がテレビを使っている時、故障が起こると修理したりして使うが、遂《つい》に使い物にならなくなって廃棄するだろう。これが肉体の死に当るのだと考えることが出来る。一時の故障が病気のようなものだと思えばよいのである。

そして本当の死なない命を区別して「いのち」と書くならば、この「いのち」には素晴らしい力があり知恵もあるから、肉体の故障を治すことも出来るし、又ある程度古くなり傷みがひどくなったりすると、廃棄して新しい肉体に取り替えることも出来るのである。従って臓器移植などはさしあたり何処《どこ》かの部品を交換して、古い肉体をもっと使おうとするのであるから、別に悪い事ではないし、しても良い。が困ったことに、〝肉体の部品〟などは売っていない。だから「中古品」を探して来ることになる。つまり臓器の提供を受けるのである。

しかしこの部品もなるべく新品に近いものがよいから、脳死段階で移植に使いたいという要求が出てくるようになり、問題が複雑になったようである。従って脳死を人の死と認めるかどうかは、宗教上の問題というより、現象の社会的「規程」の問題で、脳波の測定が行われる以前にはなかったことである。宗教上は永遠不滅なる「いのち」の供養《くよう》と礼拝《らいはい》が大切なことで、その大切さは肉体の生死には関わりがないのが原則である。

このようなことは昔心電図で検査されなかった時代や土葬《どそう》が一般的であった時代には、死体が埋められても墓の中で生き返ったという事も起こった。しかし当時の社会では死の考えがその程度でよかったし、それ以上求められなかったからであって、現在でもその種類の事は起こりうるのである。

即ち脳死と判定する場合でも、脳波は突然〇《ゼロ》になるのではなく、その乱れや減衰《げんすい》がある期間続くものだ。しかも脳波〇となっても、又出てくることもある。それをある段階で測定を打ち切るから、（心電図でもそうだが）肉体の死とは「そう認定した」ということであり、絶対的なものではない。それを絶対的なものとしようとするから、脳死をもって死とするか心臓死をもって死とするかの論争が何処《どこ》までも続くのである。

尊厳死

従って肉体の死はその当時の社会的認識によるとして、吾々は死なないところの真の「いのち」を尊び、礼拝し、その尊厳を大いに主張することを本務と心得、社会的認識のことはどちらとも決める立場にないという外《ほか》はない。つまり肉体の死はある時間にドンピシャリと決まるものではなく、ある時間的経過で物質的肉体から霊界の「中陰《ちゅういん》」即ち「中有《ちゅうう》」に移り行くものだと言えるのである。

次にSさんはこのように書いておられた。

『(中略)第二に、安楽死、尊厳死《そんげん》の問題であります。日本は世界一の長寿国になりました。めでたいことではありますが、問題は山ほどあります。寝たきり老人、植物人間など、今まで聞いたことのないような問題が出ています。病気や交通事故で瀕死《ひんし》の重傷を負い、ただ辛《かろ》うじて医学的機械の力だけで生き延びているという状態になったとき、家族の負担は大変なものでしょう。そうした時、最善の医療によっても元の身体に復帰できる可能性が皆無《かいむ》の時、あえて生き延びずに、人間らしく死ぬ(尊厳死)という考え方があり、日本にも「日本尊厳死協会」が出来ているそうです。無論これは、その人個人個人の考え方であり、生長の家はどう考えるかといった問題ではないかもしれません。が、先生個人としてのお考えをお聞かせ願えれば、多くの人にとって有益と存じます。

私は生長の家により、死はない、人間の生命は生き通しであると教えていただきました。それを微塵《みじん》も疑うものではありません。が、現象生活は必ず終わるものであり、私は死に臨《のぞ》んで、取り乱すことなく、苦しむことなく、できうれば美しく、人間らしく死にたいと思っています。これは誰でも願っていることではないでしょうか。特に、いわゆるお年寄りにとっては切実な問題だと思います。先生に死一般について、また死の迎え方、死に方についてお説き願いたいのであります。(後略)』

無限のいのち

このSさんの「美しく死にたい」という言葉も素晴らしい信仰を現わしていて、「人間の命の生きとおし」を知る者の必然的願望である。それを「尊厳死」というならば、まさにその如くであるが、現在世間で尊厳死と言っているのは、何か死にかかった人が機械的な補助機具を外して「殺してもらう」場合によく使うようである。けれどもこれが「美しい死に方」かどうかは疑問であるし、「尊厳に死んだ」と言うにも誇張があるように思われる。しかし私はもっと別の意味でこの人生を「みこころの如く生きた」時に、その死に方が事故死であれ、自然死であれ、又病死であっても「美しく生きかつ美しく死んだ」と言ってよいと思うのだ。

というのは、生きている時散々《さんざん》悪いことをして悪業《あくごう》を積み重ねながら、死ぬ時だけ人工呼吸器を外して早く死んだとしても、それを「尊厳死」と呼ぶにはいささか抵抗があるからだ。ただ私自身は医学的機械に頼って、無意識になってもまだ心臓だけは動かしてもらっているという事を望まない。何故《なぜ》なら人はこの肉体で全ての命を終るのではなく、まだいくらでも次の「次生《じしょう》」があるし、その後の「後生《ごしょう》」もあり、それが現象的には無限に続くからである。

そんな素晴らしい「無限のいのち」を頂いているのに、この今の肉体だけに引っかかって、それを一日でも一時間でも長く使おうという気にはなれないし、周囲の人も迷惑に感ずることもあり得《う》るから、むしろ「では行ってくるよ、さようなら、バイバイ」の方が好ましいと思うものである。その上現代の医学は「もうこの人は絶対に助からぬ」と断言出来るほど発達しているとは思われない。死にかかった人でも生きかえる例はあるし、脳死状態の人が機械的に生かされつつお産をしたという例もある。まだ出産していないが間もなくお産するだろうという例もある。平成四年十月十五日の『日本経済新聞』の夕刊には次のような記事が書かれていた。

『【ハンブルク14日時事】ドイツ・バイエルン州のエアランゲン大学病院は十四日、交通事故で脳死状態となっている十八歳の女性が妊娠しており、胎児が健康であることから、この女性を出産まで延命させる方針を決めたと発表した。ただ、ドイツでは脳死を死と定義しているため、帝王切開による分べんののちに、生命維持装置を外して、この女性を永眠させることで肉親は了解しているという。

この女性は、ミュンヘンに住む歯科助手で、五日、車で出勤途中に木に激突、重体で同病院に運ばれたが、三日後に脳死と判定された。しかし、妊娠四ヵ月で、これまでのところ胎児の発育も順調であるため、病院側は胎児の生命を尊重、来年三月の出産予定日まで延命措置を続けることになった。』

この女性の名前はMarion Plochさんといって、相手の男性の名前は分らないということだ。この例によると脳死を単純に肉体の死と認めることは出来ないが、いずれにしてもそれはその国の法律でどう認めるかという問題で、少なくとも妊娠している間は死と認めない特別法が必要であろう。マリオンさんの場合は彼女の父母が自分の子と認めるということにしたそうだが、今の状態は、世界各国で死の認定が様々であることはかまわないだろう。何故なら要するにそれは「死の定義」の問題だからで、本当の「いのち」は不死不滅だからである。ただしこのマリオンさんはその後脳死状態のまま流産をして、彼女自身も生命維持装置を外《はず》されて死亡したそうである。

美しく生きる

とにかく「美しい人生」を送るためには「死に方」も大切だ。しかしそれは単に死の時だけではなく、「生き方」の美しさが大変大切である。汚《きたな》い汚《よご》れた生き方をしていて、死ぬ時だけ「美しく」死のうとしたり、「尊厳な死」を求めても、それは単に名目だけのものになってしまうからである。ことにこの世には「業《ごう》の法則」が通用するから、生存期間の生き方が直接死の在り方に関《かか》わってくる。又前生での生き方も関わりを持つのである。常に「生命尊重」の心で生きた人と、「目的達成のためには手段を選ばず」に暮して来た人とが同じ「死に方」が出来るものではないことぐらい、誰にでも理解出来るであろう。

それ故《ゆえ》宗教では死に方ばかりではなく生き方を説くのであり、「死生一如《しせいいちによ》」とも教えている。これは自己の内省《ないせい》ばかりではなく、人や他の生物に対する心の姿勢にも関連して来る。例えば自分の子が体内にいる時、これを「今《いま》生れると困る」と考えて堕胎《だたい》したような人が、いくら尊厳な死ばかり求めても、又美しい生き方をしようとしても、この胎児を殺した残酷な心を反省しない限り、その希望は叶《かな》えられず、生において苦しみ、死に際しても苦しむことになるのが「業の法則」なのである。

では「美しく生きる」とはどのように生きることであるか。それは一口に言うと「神のみこころを生きる」という外《ほか》はないが、神を認めない人はそれが出来ないであろう。何故《なぜ》なら「神のみこころ」とは何かが分らないし、それを問い求める方法を知らないからである。

それは単に「常識に従う」のでもなく「非常識をよしとする」のでもない。又堅苦《かたくる》しく固定的なドグマに従うのでもない。それを「神想観」*によって自覚することが大切だし、座禅《ざぜん》によって極《きわ》めることもよい。しかし単にある特定の人物のいうことに盲目的《もうもくてき》に従うことや、「偶像崇拝《ぐうぞうすうはい》」によって神意を知ることは出来ないことも知るべきである。むしろそんなことをするよりも「自然にそのまま生きる」人の方が「神意」に叶《かな》うことが多いものである。人は「自然」から離れるに連《つ》れて、何時《いつ》しか独善的になり、イデオロギーに縛《しば》られてしまうものだ。

かつてドイツが東西に分れていた時、東ドイツで権勢《けんせい》をほしいままにしたホネッカー氏は、統合したドイツでは死刑囚と目《もく》されて投獄され裁判にかけられた。その罪状は東ドイツで国家評議会議長であった時、ベルリンの壁を越えて西に逃亡しようとした人々を十三人も殺す命令を出したという殺人の罪である。その上彼は肝臓癌《がん》を患《わずら》って治療中だということであるが、この元議長の死際《しにぎわ》もあまり美しいものとは期待出来ない。（平成六年〈一九九四年〉五月二十一日肝臓癌のため死去）

例え死刑が免《まぬが》れたとしても、尊厳を保ちつつということは出来ないであろう。それは彼の生前のマルクス主義者としての統治《とうち》がもたらした結果であり、例え旧ソ連邦の命令によると主張しても、それが受け入れられて「無罪放免《ほうめん》」となる可能性はないようなものである。

つまり人間が真に美しく生き、かつ真の意味での「尊厳」を保つためには、格好だけをつけるのではなく、柔らかく温かい心で自然法爾《じねんほうに》に神意を生きることを実行する以外にはありえないことを知ることが、何よりも大切であるとおもうのである。

＊『生命の實相』靈界篇＝頭注版の第9巻に靈界篇〈上〉、第10巻に靈界篇〈下〉が収められている。

＊神想観＝生長の家独得の座禅的瞑想法。詳しくは、谷口清超著『神想観はすばらしい』参照。（日本教文社刊）

三　肉体は「道具」である

神の像の如く

多くの人は、まだ人間を肉体だと思っているが、もし肉体が人間そのものであるならば、人間が万物《ばんぶつ》の霊長《れいちょう》であるとか、一番すぐれた動物だなどという考えは成り立たない。というのは、人間の肉体以上にすぐれた能力を、多くの他の動物の中に、数多く見出せるからである。そこで肉体は人間そのものではなく、人間の使う〝道具〟の一種だと考えるべきであり、本当の主人公は「道具の持主」のはずだ。しかもその「主人公」は実にすばらしい〝無限力〟の持主で、永遠に生き続ける「不死不滅の存在」、即《すなわ》ち「神の子」であり「神」であり、「仏」である――これこそ人が万物の霊長たる所以《ゆえん》だと言うことになる。

この点を「創世記」の第一章は次のように記してある。

『(前略)神言給《いいたまい》けるは我儕《われら》に象《かたどり》て我儕の像《かたち》の如《ごと》くに我儕人《ひと》を造り之《これ》に海の魚《うお》と天空《そら》の鳥と家畜と全地と地に匍《は》う所の諸《すべて》の昆虫《はうもの》を治《おさめし》めんと。神其像《そのかたち》の如くに人を創造《つくり》たまえり即ち神の像の如くに之を創造之《つくりこれ》を男と女に創造《つくり》たまえり。神彼等《かれら》を祝し神彼等に言たまいけるは生《うめ》よ繁殖《ふえ》よ地に満盈《みて》よ之を服従《したがわ》せよ。又海の魚《うお》と天空《そら》の鳥と地に動く所の諸《すべて》の生物《いきもの》を治めよ。神言たまいけるは視《み》よ我《われ》全地の面《おもて》にある実蓏《たね》のなる諸の草蔬《くさ》と核《たね》ある木果《このみ》の結《な》る諸の樹《き》とを汝等《なんじら》に与うこれは汝らの糧《かて》となるべし。又地の諸の獣《けもの》と天空の諸の鳥および地に匍う諸の物等凡《ものなどおよ》そ生命《いのち》ある者には我食物として諸の青き草を与うと即ち斯《かく》なりぬ。神其造《そのつく》りたる諸の物を視たまいけるに甚《はなは》だ善《よか》りき。(後略)』

ここで注意しなければならない点は、神はその像《かたち》のように人をつくり、男と女に創造したというのであって、男だけを造ったとか女だけ造ったというのではないということだ。しかも神の像《かたち》というのは、肉体のことではなく、口語体《こうごたい》の『聖書』では「かたち」となっている。即ち肉体は三次元の空間にあらわれた現象であるから、神が三次元に限定されているわけではない。神が実在する全てであり、無限力そのものであるから、三次元の物質の形あるものではないのであって、形を超えた無限次元の存在だ。人もまた霊としてアルのだから、神と同じ無限次元の存在、即ち「神の子」だということになるのである。

体内時計など

それ故《ゆえ》、人間や動物・植物には、本来すばらしい力が内在していて、それを種々様々な不思議な力として使用している。その力は物質的には中々《なかなか》説明がつかないので、これを超能力といったり「直感」と言ったりする。しかも吾々《われわれ》はこの「直感」を日常生活の中でしばしば使っている。これは他の動物でも同じことだが、例えば鳩などは、「帰巣《きそう》能力」というのを持っていて、遠くへ連れて行って放しても、しばらくすると自分の巣に帰ってくる。この力は肉体人間の及びもつかない能力であり、時には一千キロメートルも離れた所から一日で帰り着き、その速度も時速九十キロくらい出せるようである。

そこで昔からこの能力は何によるのかと色々と研究されてきたが、どうやら鳩は太陽をもとにして帰巣の方向をきめるらしい。しかし太陽は一日の中で朝と夕とでは位置が変わるし、北半球と南半球でも変わる。そこで鳩には〝体内時計〟があるということになったが、この〝体内時計〟なるものは物質として存在するキカイではない。人間にもそれはあるが、いくら肉体を解剖しても取り出せるような機械ではないから、一種の超能力といってもよいであろう。また鳩には〝地磁気〟を感受する能力もあるが、それを特別の器官が感ずるという証拠はまだどこにも発見されていないのである。

しかし肉体人間がこのような〝帰巣能力〟をどれほど持っているかというと、鳩に劣ることは勿論《もちろん》であり、ことに酒に酔った人間などは、全くでたらめである。が、全ての鳩は「酒をのみたい」という欲望を起さないから、きわめて安全な生活をしているとも言える。即ち肉体人間は鳩に劣る点も沢山《たくさん》あるということだ。

さらに又全ての渡り鳥にはもっと不思議な能力がある。シベリアに住むシギの仲間は一万二千キロも飛翔《ひしょう》して中央アフリカで冬を越すという。渡り鳥を研究する人々は、先《ま》ず鳥を鳥籠《とりかご》の中に入れて、周囲が見えないようにかこい、天井から日光が入るだけにして置くのだ。すると渡りの季節が来ると、鳥の身体が渡りの方向に向いている時間がふえて来て、いかにも渡りたそうな様子を示す。生まれたばかりの未経験な鳥でもそうするから、親のマネでもない。彼らが何をもとにして方向をきめるのかは、やはり太陽の位置をもとにして、〝体内時計〟で計測することが分かっている。さらに夜行性の鳥は〝星座〟を見て方向を決める。しかも海の上を三日も四日も五日もかかって、飛び続け、三千八百キロも直行するムシクイという鳥がいるというから、とても肉体人間のできる芸当ではない。この種類の鳥も、星をもとにして渡りの方向をきめることは、プラネタリウムを変化させて行う実験でも確認されている。しかも生まれてから渡りの経験が一度もない鳥も、プラネタリウムの中で渡りの方向を向くというから、大した能力をそなえているということが出来るであろう。

神を信ずる力

しかし人間が鳥獣よりもすぐれているのは、こうした肉体的能力や本能にたよるということではなく、これらの動物や自然を研究して、その原因を探究して行く力である。そして遂《つい》に不思議な可能性を持つ現実にまで認識を深め、その背後にある「神」や「神性《しんせい》・仏性《ぶっしょう》」をみとめ、それこそが無限力であり、不死・不滅であり、「主人公」だと悟る力である。これはどんな力のすぐれた動物でも自由になしうることではない。彼らには能力はあっても、「神」なる概念を持ち、その本源力に感謝し、神に全托《ぜんたく》するという自覚や信仰は持ちえないだろう。つまり「宗教」を持たないということであり、人間の最高のすぐれた能力は「神を信ずる」という力である。

たしかに象や鯨《くじら》のような高等動物は、仲間が死ぬとその死体の周辺でその死を悲しむ様《よう》子《す》を示すけれども、その死者がどこかで生きて次のいのちを送るだろうとは考えることもできないのではないだろうか。それが可能であるという証拠が将来の動物研究から出て来れば面白いが、人間の場合はいかなる唯物論者であろうとも、それが可能なのである。というのは全ての人間なるものは肉体ではなく、その主人公たる「神性・仏性」だからである。従ってかつての唯物論の代表格であったマルクス主義の国家や社会が崩壊《ほうかい》して、神や宗教を認める国や社会に変化して行きつつある現状は、当然の成り行きだと言わなければならない。

今でもまだ共産主義や唯物論的社会主義を信じている政党の独裁する国々もあることはあるが、それでも彼らは経済政策の面からは「自由化」の方向に進んでいる。これは唯物論的社会にはなかった「自由」の概念を導入せざるを得なくなったからであり、真の「自由」が神の国にのみあることを、あたかも鳩の持つ〝帰巣本能〟の如《ごと》く、直感的に知らされて来たからであろう。

勿論その傾向に反対して、依然として物質本位の生活や政策にしがみついている人々もいるが、その結果はやがて崩壊や失敗や不幸な結末による「教示」によって、次第に徐々に唯物論の変更を余儀《よぎ》なくさせられるものである。つまり一種の〝自壊作用〟が起り、全ての事件や物や人が真実を教示するのだ。この働きを宗教的には〝観世音菩薩《かんぜおんぼさつ》〟即ち世の中の音を聞き示される菩薩さまという訳である。

例えば人類は今まで山林や原野の樹々を切り倒して地球の緑地を破壊し、石油や石炭などの化石燃料をもやして地球の酸素やオゾンを減少させ、炭酸ガスやその他の有害ガスを増加させて来た。するとこれが地球を温暖化し、やがて人類の文明を崩壊させるに到るだろうということが判明して来た。樹木の減少は、そこに住む動物たちにも被害を及ぼし、彼らの居住空間を狭める結果、人畜の近くにまで出没して、人間社会に害を与えるようになった。好んでそうするのではなく、もとは人間が彼らを山から追い出したからである。

こうして鳥も獣たちも年々その種類や数が減少しつつある。すずめですらも減少した。

それはすずめの巣を作る場所（家屋の屋根の下あたりの空間）が少なくなったせいだ。熊やカモ鹿も追い立てられ、狐《きつね》も狼《おおかみ》も減って来ている。犬や猫は人間のペット化して、人間の作る高価な特別食で養われ、飼主の多大の労力を必要とするように変化し、かつ個体は弱体化したのである。

自然は教示する

このような現象は、創世記にある「動物を治めよ」という指摘の取りちがえであろう。人間はもっと叡智《えいち》を働かせて、自然を大切にし、自然のもつ復元力や自浄力を引き出して来なければならない。そのことが大地球的規模で今啓示されているのだ。こうして人は人間だけの利己心で生活するとやがて行き詰まることを教えられ、「動物・植物・山も川も大地も全てに感謝せよ」と教えられるのである。

全てが助け合い、補い合って全世界は大調和する。従って親子も、夫婦も助け合いがきわめて大切だ。不幸な事態はそのことを教えてくれ、利己主義や孤立思想は勿論、小さな立場に立つ「自給自足《じきゆうじそく》」ではなく、地球的規模の「自給他足」「他給自足」の世界にならざるを得ないことを教示する。と同時に又一見不幸と見える悲劇的事件も、人々に「真の生き方」を示し、信仰や宗教への心の眼を開くものである。

例えば平成十年三月十四日に総本山の団体参拝練成会で、前橋市堤町に住む長島好男《よしお》さん(昭和二十五年八月生まれ)は次のような体験を話して下さった。奥さんは弘美さんといって、ご主人より早くから生長の家に入信しておられたが、ご主人は宗教には無関心であった。しかし奥さんから度々さそわれ、平成五年に初めて群馬県の伊勢崎市民体育館で行われた講習会*に行った。すると谷口雅宣副総裁が、

「自分の中に神がある」

という話をなさったが、それまで長島さんは宗教や信仰が好きでなく、信仰というのは何か外なるものを崇拝しているだけだと思っていた。ところが自分の中に神があるという話だ。勿論、これは肉体人間の中にアルといった三次元的な話ではない。それを聞いて、「これはすばらしい」と思ったのである。しかしそう思っただけで、後が続かず、そのまま何となく二年間が過ぎ去った。すると再び相愛会*の全国大会*があるから行きましょうとさそわれた。じゃ取りあえず会社が休みだから行ってみようか、というので平成七年五月二

日に東京で行われる相愛会の全国大会に行くため、弘美さんの運転する車で出かけたのである。

ところが途中の交叉点で、大変な交通事故にまき込まれた。長島さんの車が別の車に側面から衝突され、運転席の横につっ込まれた。あいにく夫婦ともシートベルトをしめていなかったので、好男さんは奥さんの席の方に吹っとんで行き、奥さんの身体の上に蔽《おお》いかぶさる恰好《かっこう》になった。くだけたガラス窓が彼の身体に降りそそいだが、奥さんには降りかからなかった。しかし弘美さんの脾臓《ひぞう》はやぶれ、腰の骨にヒビが入り、肋骨が四本折れるという重傷だった。一方好男さんには全く怪我《けが》はなかったのである。

早速《さっそく》弘美さんは救急病院に運ばれ、七時間の大手術が行われた。もし一分一秒でも遅れていたら死亡しただろうというほどの重傷で、好男さんはただ祈るということ以外には何もできなかった。担当医は「この一週間が山だ」という。夫婦には子供が三人いて、当時上の子が中学一年生、小学五年生と一年生だった。白鳩会の方々からは色々な本が送りとどけられ、好男さんは『甘露《かんろ》の法雨《ほうう》』をはじめて読み続けた。生長の家の本も真剣に読んだ。それもこの事故があったことからいやでもそうせざるを得なくなったのであるが、その結果一週間たつと弘美さんはスムーズに快方に向かい、結局二ヵ月間の入院で退院することができたのであった。

信仰へ導かれる

このようにして好男さんはその後相愛会の会合にも出席し、「神想観《しんそうかん》」も行い、聖経読誦《どくじゅ》も愛行もやりはじめた。こうして一年ほど実行すると、こんなすばらしい教えはないことを実感した。奥さんの交通事故でも、保険などはすべてうまく入っていて、大破した車も今までの軽《けい》から普通車に替わり、幾《いく》つか入っていた保険によって損失はなかった。このような〝好結果〟は、決して偶然といったアヤフヤなものではなく、以前から行じていた弘美さんの善業功徳《ぜんごうくどく》の結果であり、同時に好男さんを強力に信仰に導く「祈り」の実現という結果につながったのである。

それ故《ゆえ》この「事故」は、外見上は悲劇的であったが、それがケミカライゼーションとして、夫婦が協力して信仰生活を始めるという理想的状態をもたらしたという外はないであろう。それまで好男さんは車のエレクトロニクス関係の開発の仕事をやっていた。従ってどうしても仕事上の不安やストレスが溜《たま》ってくる。しかし「神想観」をやると、必ずよい結果が出てくるという体験が出るようになった。そこで知らず知らずのうちに相愛会の役員（副相愛会長）となり、平成九年十月には前橋東の相愛会長をつとめることになった。そして群馬県では初めての「父親教室」をはじめたのである。この〝教室〟は白鳩会の「母親教室」*と同じような構想であろうが、非常に有意義な考え方であると思われる。というのは現代社会では父親ぬきの子育ては成り立たないし、父親不在の家庭からは多くの少年少女の問題が派生してきているからである。

さきに例示したような鳥類でも、南極に住むペンギンは雄が卵を抱いて育てている。又タツノオトシゴなどは、「雄が妊娠する」のだ。勿論雄は卵巣や子宮を持たないが、子供が雄の体内からある種の栄養分を補給され、それらを腹の外側の袋にいれて子育てをする。このような能力を肉体人間に対して持てと要求するのではないが、少なくとも精神的には「子供の教育の根本は父親にある」ということは事実なのであって、「子は父の背中を見て育つ」のである。父が休日にどのようなくらし方をするか、日常生活でどのように家庭や社会への智慧《ちえ》と愛とを現しているかということが、子供を善くもするし、又悪くもするのである。

繰り返して言うが、人間は「肉体」ではない。従って肉体的に見ると、人間の能力は馬の速さ（時速約六十キロ）にも及ばず、鳥の飛翔力にも及ばない。鳥は空高く飛んでも、人間のように酸素欠乏で苦しまない。それは彼らが肺ばかりではなく、気嚢《きのう》という袋の中に空気を入れて、骨を通して一部の呼吸をするから、酸欠に陥《おちい》らず、低気圧の高空を飛べるのだ。さらにラクダのような耐熱力も耐渇《かつ》力もなく、個体としては猿類より樹《き》登りが下《へ》手《た》だ。しかし人間はこの「肉体」という道具を使い、「神の子」としての本来の無限力を、凡《あら》ゆる方法で（共同研究や製作などで）表現しつつ、さらに次生《じしょう》や後生《ごしょう》では「道具」をよりすぐれた霊的なものへと取り替えつつ、この無限力を展開して行くのである。ただ心でこの力を自己限定したり、無視したり、出ししぶったりしないようにすることが肝要《かんよう》だ。そして外見や因習《いんしゅう》にとらわれない自由自在な生き方を展開することが、何よりも切実に望まれている新世紀だということができるであろう。

＊講習会＝生長の家の総裁、副総裁が直接指導する「生長の家講習会」のこと。現在は、谷口雅宣生長の家副総裁が直接指導に当たっている。

＊相愛会＝生長の家の男性のための組織。全国津々浦々で集会が持たれている。

＊全国大会＝毎年五月に東京の日本武道館で行われる。「相愛会・栄える会合同全国大会」「白鳩会全国大会」「青年会全国大会」の三大会がある。

＊母親教室＝生長の家白鳩会が、全国各地で開いている、母親のための真理の勉強会。

四　見えない世界がある

実在は見えない

すでに述べたようにこの世は「神の作品」ではなく、「人の作品」である。だから完全なものは見当らず、不完全なものや〝現象〟ばかりが目についてしまう。病気や不幸、災難、危機的な出来事も沢山《たくさん》ある。だから人は時々神に祈ったり、誰かにたのんだりして、その不幸から抜け出そうとする。どうしても抜け出せないと、

「神も仏もあるものか！」

などと、神・仏を否定するが、もともと神の作品でない〝この世〟の出来事を、神・仏に修理してくれと頼んでも、してくれないのは当り前ではないだろうか。それは丁度《ちょうど》、「カ

メラが壊れた」といって、小説家の所に持って行っても、修理してくれないようなものである。

ところが「神」は何も造らないのかというと、そうではなく、実に完全な世界をお造りになったのだ。即《すなわ》ち、

『神は実在《じつさい》のすべてを蔽《おお》う。
存在するものにして
神によって造られざるものなし。』

と『甘露《かんろ》の法雨《ほうう》』には記されている。「実在」というのは、「本当にアル」ということであり、アルように見えているものというような、いいかげんな「現象」ではない。ところが「現象」は人の作品であり、「実在」（実相）は神の作品なのである。

しかも神によって造られないものは何一つないのだから、人間も神の作品ということになる。だから人間が完全なのが真実である。それならば、

「神の作品＝人の作品」

となりそうだが、実はそのように思わず、人の作品を、肉体の感覚で得た範囲内に限っ

ているから、不完全に見えるのである。つまり「見えない世界」のことを考慮《こうりょ》していない。肉体で感覚し、知覚し、認識しているだけの世界（即ち現象界）だけを捉《とら》えているから、不完全で、危機的だなどと思ってしまうのだ。しかし『甘露の法雨』にはその冒頭《ぼうとう》に、

『創造《そうぞう》の神は
五感を超越《ちょうえつ》している、
六感も超越している、』

と記されている。即ち見えず、聞こえず、さわれども感ぜずの世界、これが実在界である。それにくらべると、現象界は、その実在界の見たり聞いたりできるだけの「ごく一部分の世界」だ。〝一部分〟だから、どうしても不完全なのである。

汝らの内にあり

しかし本当の人間は「神の子」であり、完全であるから、肉体人間の作る現象界の作品を見ても、聞いても、どんなにしても、完全でないことが分かる。そこでどんな名人上手《じょうず》であっても、自分の作品を見て、

「まだ不完全だ」

と思うし、「もっと完全なものを作りたい」と思い、努力精進《しょうじん》するということになる。

例えばチェロの演奏家として有名なミッシャ・マイスキー氏は、何回も来日された人で、数多くの演奏会を開かれたが、『モーストリー・クラシック』という月刊誌（産経新聞社発行）の平成十二年十二月号の田中良幸編集長との対談で、こんなことを話しておられた。

『音楽で最も大切なのは作曲家です。演奏家はその次で、私たちは音楽と聴衆との架け橋にすぎず、音楽がまずあり、それからそれを演奏する人間がいるということを忘れてはいけないのです。しかし、有名になると、自分は本当に多くの人に愛されていて何をやっても許されると錯覚してしまうのです。（中略）自分のレコーディングで一番よいものは何ですかとよく訊かれるので、それに対しては決まって「次の一枚」と答えることにしています。そう答えると凄く受けるんですが（笑い）、実はそれは自分の期待でもあるのです。次のコンサートは今日よりもよくなる、次のレコーディングは今回よりもっとよくなる、その気持ちがあるのです。今日のコンサートは、今回のレコーディングは最高だったと思ってしまえば私はおそらく職業を変えてしまうのではないでしょうか。でも、その危険性は全くない。ベストは絶対にないからです（笑い）。』

つまり現象界には「ベストは絶対にない」と言い切っているところがすばらしい。この点はあらゆる芸術家や職人さんならわかるから、

「これは完璧《かんぺき》な出来だ」

などとは思い上がらず、「次の作品」を求めて精進を重ねる。宗教家でも、政治家でも、そうでなければならないし、「先生」とか「師匠《ししょう》」と言われて増上慢《ぞうじょうまん》に陥《おちい》ってはならないのである。それ故《ゆえ》『甘露の法雨』には、次のように書かれている。

『キリストは

「神の国は汝《なんじ》らの内《うち》にあり」と云《い》い給《たま》えり。

誠に誠にわれ汝らに告《つ》げん。

「汝らの内」とは汝ら「人間の自性《じしょう》」なり、「真の人間」なり。

「汝らの内」即ち「自性」は神人《しんじん》なるが故に

「汝らの内」にのみ神の国はあるなり。

外にこれを追い求むる者は夢を追いて走る者にして

永遠に神の国を得る事能《あた》わず。』
それ故われわれは「人間の作品」を向上せしめるには、内なる「神の国」を観《み》ることに習熟し、神に祈るときも、神に「これこれを良くして下さい」ではなく、神の国の完全円満を心に描き観て讃嘆《さんたん》し礼拝《らいはい》する『神想観《しんそうかん》』を実修することがとても大切なのである。

ただ実行あるのみ

平成十二年十一月十二日に、札幌教化部で行われた特別練成会で、佐藤敦子《あつこ》さん（昭和十六年六月生まれ）は、次のような話をされた。彼女は北海道の厚岸町《あっけしちょう》松葉町《ちょう》に住んでおられるが、出産後ウツ病のような状態になり、不安や恐怖で長い間苦しみ悩んだということであった。

かつてその苦悩を手紙で私あてに送って来られたが、白鳩会会長の勅使川原《てしがわら》さんに代わって返事してもらったことがある。すると勅使川原会長からのお電話で、「現象界に現れたものは必ず消えます。大丈夫です」という内容の力強い返事があったということだ。

敦子さんは平成十年まではこのウツ病で、毎日朝になると起きるのがつらく、会話もほとんど出来ず、食事の支度《したく》もままならぬ状態だった。そして「この世の中で自分が一番不幸だ」と思っていたのだ。その苦しみから何とかして逃《のが》れたいと思い、毎日死ぬことばかりを考えた。いつでも死んで「あの世」に行けると思うと、死ぬ恐怖心が薄らいでくるのである。

こうして自殺する人が次第に増えてくるのだが、「あの世」というのは「この世」の続きだから、「この世」で苦しみ悩んでいた人が、急に「あの世」で安楽《あんらく》になれるはずはない。だから「自殺する」ことは、ただ単に今の肉体を殺すことになり、心は依然《いぜん》として苦しみつつ、次の人生に移って行く。丁度自動車の運転の下手《へた》な人が、いくら新型の自動車に取り替えても、やはり下手くそであり、失敗ばかり繰り返すようなものだと言えるだろう。

けれどもある日敦子さんは、ご主人の允昭《まさあき》さんからこう言われた。

「あんたが死んだら、自分はあきらめる。しかし、息子は後を追うよ」と。

この息子さんというのは生まれた時から口唇裂《こうしんれつ》、口蓋裂《こうがいれつ》の障害を持ち、それが彼女の悩みの種で、学校でもいじめにあって苦しんでいた。そして、

「どうしてこんな顔に生んだのか」

と責められたのが、彼女のウツの原因でもあった。夜になって息子さんの寝顔を見る

と、不憫《ふびん》で申し訳ないと思い、毎日涙を流していた。さらに追い打ちをかけたのは、夫が定年のため、年金だけの、今までの収入の三分の一になったので、重度のウツ病になってしまったのである。

ところがこのような極限状態の時でも、救いの手がさしのべられるのである。それは「神の国」が実在し、全ての人々が「本心」を持ち、「神の子」のいのちを与えられているからである。

このような父母と息子さんの苦しみをいつも見ていた娘さん夫婦が誘ってくれて、敦子さんは平成十年三月と五月とに、札幌の北海道練成会に参加した。ご主人も敦子さんの介《かい》添《ぞ》えで参加された。ところがその練成会では食事もおいしく、夜もよく眠れた。しかも允昭さんのC型肝炎《かんえん》、突発性難聴《とつぱつせいなんちょう》、耳鳴り、前立腺肥大《ぜんりつせんひだい》とこぶが消えてしまったのである。

彼女のウツは消えなかったが、アレルギー性鼻炎《びえん》もよくなっていた。そこで五日間の練成を終り、釧路《くしろ》教化部に訪れて、中村進教化部長の指導をうけた。すると「一所懸命《いっしょけんめい》とりくむと、きっとよくなる」と言われ、敦子さんは言われることを何でも実行しようと思った。中村教化部長は次の三つを実行しなさいと教えられた。

一つは、毎日の食事の前に大声で笑い、明るい気持で暮らすこと。

二つ目は、一日に一つでもよいから、他の人のために良いことをすること。

三つ目は、聖使命会員《せいしめい》*になり、神様に直結すること。

この三つを実行するかしないかは、佐藤さん自身の決意次第ですよと言われたのだ。そこで彼女は実行した。その後私に前に紹介した手紙をよこされたのだが、こうしてその年の冬には身体の痛みが消え、ウツ病からも立ち直り、さらに息子さんからは「もうお母さんを恨《うら》んではいないよ」と言われ、現在彼は二十七歳になって、元気に働いておられるということであった。

肺炎がきっかけで

このように心で作った現象界の不祥事《ふしょうじ》は、心を変え、神を信ずる程度が深まるにつれて、消え去って行き、「完全円満の世界」が限りなく現れ出てくるものである。さらに又この北海道練成会では丑屋《うしや》春江さんという岩見沢市春日町に住む女性(昭和九年六月生まれ)が、次のような体験を話して下さった。

彼女のご主人は喜雄さんといって、電気工事会社の社長さんをしておられ、いつもは病気知らずといった元気な人だったが、カゼをこじらせたらしくある日突然高熱を発し、四日間ぐらい約四十度まで上がった。そこで岩見沢市立総合病院に行って診《み》てもらうと、急性肺炎と診断され、両肺ともレントゲンが真っ白で、即日入院ということになったのである。

病状は重く、息を吸うことも困難となり、とても苦しんでおられた。付き添っていた奥さんが代わりに息を吸ってあげたいと思ったくらいだったという。丁度六月のことで、岩見沢の道場では講習会推進の会が行われ、春江さんは白鳩会の支部長であり地方講師でもあるから、その会場に出席し、終了後に、参加された方々に、夫のことを祈ってもらったのである。

その後すぐ病院を訪れると、呼吸困難だったはずの喜雄さんがベッドの上に坐《すわ》ってニコニコしていた。「息すえる?」ときくと「大丈夫だよ」と答えてくれ、ふしぎに身体が熱くなったので、熱でも出たのかと思っているうちに、その熱さがスーッと消えて、息をしても何ともなくなった――とおっしゃるのだ。その時間を聞くと、丁度道場で皆さんに祈って頂いていた時間と合致《がっち》していたのである。

これは多くの人々が心をこめて祈るということは、心で作る世界を変化させ、影響を与えるものだということを現していると言えるであろう。しかし何もかもそれで叶《かな》えられるというものではなく、本人の心境が祈りの内容に合っているというような条件も必要だが、何よりも大切なことは、神の国の実在を信じる根本がある程度会得《えとく》されていなければならないということだ。

こうして喜雄さんの肺炎の方は次第に恢復《かいふく》して行ったが、病院では中々退院の許可を出してくれない。そのうち春江さんが詰め所に呼ばれたので行くと、検査の結果の写真などを色々と見せられ、「胃癌《いがん》です」と宣告された。そして担当の医師の言われるには、もし肺炎になっていなかったら手遅れになったでしょうが、肺炎のおかげで癌が発見でき、まだ初期だから、すぐ手術したらよろしいということであった。

夫の良さを知る

このようにある種の困難や危機的状態は、より大きな困難を予防するような働きもあることは、注目すべきことであり、いたずらに不幸や災難の暗い面ばかりを見る必要はないのである。けれどもあまり長く入院していると、夫の事業の関係で困るだろうと思い、春江さんはあれこれと考え悩み、神様に全託《ぜんたく》する外《ほか》はないと思い直した。

「神の子である主人を、神様におまかせすれば、必ずよくなる。これは私に与えられた課題だ」

と考え、ただ前進あるのみと決意した。こうして手術日も決まったので、手術までの間、誌友や役員の皆さまの協力を得て、写経して下さったり、お祈りをして下さったりして、日々感謝の生活を送り、春江さんは夫に『生命の實相』を読んでもらった。こうして七月十九日に手術をうけたが、胃の三分の二を切除《せつじょ》したということだ。その間、春江さんは夫の仕事を肩替《かたが》わりして、入札《にゅうさつ》をしたり、役所回りなどをして忙しく暮らした。

丑屋さんの家と病院との間は、歩いて十五分かかる。その間を往《い》き来しつつ、彼女は感謝の言葉を唱えることにした。

「神様、ありがとうございます。ご先祖様ありがとうございます。お父さん、お母さん、ありがとうございます。夫さま、ありがとうございます。私を取りまく全ての人よものよ、ありがとうございます」

と唱え、あたりを見回して誰も来なければ、笑って歩いた。

「うれしいな、たのしいな、アハハハハ……」

こうして病室に行くと、ご主人は春江さんの表情が明るくて温かさにみちあふれているので、「何かあったのかい?」と聞いたりする。

「いいえ、おとうさんの顔を見たら、一日一日健康そうになるから、うれしいの」

といったりして明るく暮らした。すると病院側ではまだ入院が続くとおっしゃっていたのに、八月二日には退院することができた。さらに春江さんはその間、夫の美点に大いに気付いた。教区の行事も欠かすことなく出席し、手術後三日目に講師として出席する役目があったので、夫に、

「どうしましょうか」

と相談すると、

「こうして皆さまから愛念を頂いてよくなって来たのだから、自分は病院にいるから安心して、誌友会に行っておいで」

とおっしゃって、あらゆることが順潮《じゅんちょう》に運んだ。

春江さんがご主人の代わりに役所に行くと、「お宅の社長さんには僕たちは小さいころからお世話になって、こうして役所に入っているけれども、本当にいい社長さんだものね」と、色々の所で夫を讃《ほ》めて下さった。それをきいて、あらためて「夫にはそんないい所があったのかなあ」と気付き、病気を通してご主人のよさを知らされたのであった。

全てどのような事件でも、仕事でも、隠しごとをしたり、周囲から孤立した状態で、あくせくと悩み苦しむだけでは、解決しない。つねに「神の国」の完全円満のみが実在することを信じ、「神の子」らしく神に全托した生活を送り、全ての人を神の子として感謝する〝自然法爾《じねんほうに》〟の生活を送りさえすれば、大安心の生活を送ることができ、まことにも、「神の国は汝らの内にあり」を切実に体験することが出来るのである。

＊聖使命会員＝生長の家の運動に共鳴して、月々一定額の献資をする人。

第2部

運命を左右するもの

一　スタミナの話

無限の人生

「人生」は永いのである。どのくらい永いかというと、永遠に永く続くのだ。そんなはずはない、生まれてからすぐ死ぬ人もいるし、中年で死ぬ人もいるではないか――というかも知れないが、それは〝肉体人生〟だけの話で、本当はそれから先も、次の世があり、さらにその後の人生もある。この肉体人生だけが「人生」ではないということである。どうしてかというと、〝肉体人生〟だけでは「平等」でないからだ。大きい人や、小さい人、色黒の人や色白の人など、いろいろあるし、生まれながら肉体が不自由という人もいる。そういった人たちがみな「平等」を求めているのは、

「人間は肉体ではない、人格だ！」

と心で叫んでいるようなものだろう。一口に人格といっても、肉体と共に人格もなくなるのなら、「人間イコール肉体」と考えるのと同じだ。人がお墓をたてて拝むのでも、ご祖先の「みたま」即《すなわ》ち魂を礼拝するのであって、お墓に入れた〝骨つぼ〟の中身を拝んで、供養《くよう》するのではないと思っているにちがいない。

そこで人生は永遠に続くと考えられる。だからあまり物事をセッカチに考えたり、昔の失敗や過去の出来事に引っかかっていてはだめなのである。結婚生活でもそうだから、「辛《しん》抱《ぼう》する」ことも必要であり、難問題の解決でも、病気治療でも、スタミナが必要なのだ。

平成十二年十月十二日の『ジャパンタイムズ』紙には、ヒラリー・ロダム・クリントン夫人の話がのっていた。当時は彼女がニューヨーク州の知事選挙で、共和党の候補者と闘っていたころだが、「その長く続いた結婚生活の秘密は何ですか」と記者に聞かれた時、

「スタミナです」

と答えて、大声で笑った。息を継いでもう一度大笑いしたと書いてあった。その前日の水曜日はビル・クリントンと彼女との「銀婚記念日」だった。さらに彼女は自分の宗教的

信念と家族愛についても言及したということである。

女性の持つスタミナについては、その強さに私は感心している。シドニー・オリンピックの女子マラソンで優勝した高橋尚子さんにしても、一見弱そうに見えてもその精神力の強さは、まさに金メダル以上に値するもので、長距離の困難さにもめげなかったスタミナの持ち主である。

不死・不滅

こうしたスタミナはどこから来るかというと、やはりその根源は人間の魂の不死・不滅から来るのであり、単なる肉体や地上訓練の結果だけではない。だから肉体的な過去や外見にとらわれていてはダメなのである。

平成十二年の十月十二日には久しぶりに帝国劇場に行って「鏡花幻想」という芝居を見たが、泉鏡花《いずみきようか》という明治の文人（小説家）の半生を、幻想的に描いたものだ。鏡花には近藤正臣氏が扮《ふん》し、その恋女房には浅丘ルリ子さんが扮していた。

この伊藤すず（すゞ）という女性は、桃太郎という芸名で神楽坂の芸者に出ていた人で、鏡花が九歳の時死別した母と同名だった。二人は急速に仲よくなり、共に結婚したいと熱望するが、尾崎紅葉《こうよう》という鏡花の師匠がそれに反対した。周囲の人たちも、桃太郎がかつて吉原などで転々として働いていたことを批難し、二人の同棲や結婚をさまたげ、紅葉は鏡花に「すずと別れろ」と命令するのである。

こうして一旦は別れたが、紅葉の死後、紅葉の愛人だった小《こ》えんという女性の助言で、霊界の紅葉が「ゆるして下さっている」と教えられ、再び結ばれるというような筋であった。この話でも、紅葉が死んで後、ただ骨と灰だけの存在になっていたのなら、ゆるすもゆるさぬもないだろう。鏡花自身もやがては死ぬのだが、霊界において彼とすずとも結ばれる光景が幻想的に描かれていて、五時半から八時四十五分まで続いた芝居は、やっと終ったのであった。

こうした恋愛や結婚問題でも、一時反対され、別れさせられたからといって、本当の愛で結ばれる仲ならば、「もうヤーメタ」となるのではなく、かなり長年月のスタミナが必要となるものだ。時にはそのスタミナは次生《じしょう》や後生《ごしょう》にまで持ち越さなければならないこともある。

さらに信仰の問題になると、その信ずる内容がこれと思う相手に伝わるには、長年月を要することがある。妻が夫に伝える時でも、夫が妻や子に伝えるのでも、長年月持ちこたえるスタミナと、訓練、そして信仰を深める努力、過去にひっかからない赦《ゆる》しの心などが必要となるのである。

平成十二年九月二十七日の総本山で行われた団体参拝練成会で、Mさんという奥さん（昭和十五年十月生まれで匿名希望）が、こんな話をされたことがあった。彼女は平成十年六月ごろ生長の家を知ったというから、そんなに昔ではない。結婚したころのご主人（Sさん）は「酒もタバコも飲まない」という話だったが、本当は両方ともしっかりとやる人で、次第にタバコの量が増え、顔色がドス黒くなり、悪い咳《せき》をするようになった。そこでMさんは、

「タバコをやめたら」

「本数を減らした方がいいよ」

と言ってきたが、ウルサイとか、黙ってろと言われて、全く聞く耳を持たなかった。

妻が変わると

そこでMさんが地許《じもと》の誌友会に行ったとき、夫の話をすると、

「あなたのご主人は、いつもタバコをくわえていて、赤ちゃんが乳首をくわえていて離したがらないいように見えるよ」

と言われた。それを聞いてMさんは、今までそんな見方をしたことがなかったが、「そうかな」と思った。さらに、

「いつも旦那さんに感謝する気持をもって、〝ありがとうございます〟と言いなさい」

とも教えられた。Mさんはそんなコトバを言ったことがなかったが、次の日からすぐ実行した。夫のSさんは警備員だったから、朝になって帰ってくると、

「ご苦労さまでした。ありがとうございます」

と言ったのだ。夫はビックリした様子だったが、それ以来Mさんは食事のたびに、

「ご苦労さまでした。今後もよろしくお願いします」

とか、〝ありがとうございます〟と感謝の言葉を言うようにした。さらに六月の後半に誌

友会に行った時、すすめられて夫を聖使命会の特志会員*に入れ、兄弟や親類の人たち十六名を一ぺんに聖使命会員に入れた。すると七月の二十日ごろ、Sさんの顔がいつもより明るく見えた。

「何かおとうさん、ちがうなあ、どうしたの?」

ときいた。そして、

「タバコを買って来るか?」

とかさねてきくと、

「いや、七月一日から吸ってないよ」

と答えたのでびっくりして思わず手を叩《たた》いた。丁度その時、テレビから音楽が流れてきたので、それに合わせてMさんは社交ダンスのマネをして、

「最高だね、おとうさん」

といって喜んだ。しばらくして八月になった時、Mさんが駅前を自転車に乗って帰宅していると、いきなり横からライトバンの車が出てきて、アッと思った時、数センチ前で止まってくれた。Mさんはその瞬間思わず車道の方に飛び出していたが、その時は車も人通

りもなく、無事故ですんだのだ。そのうちSさんがヒョッコリと、

「あの、さあ……おれ結婚前の子供がいるんだよ」

と言った。Mさんは、

「あぁ、ほんと……」

といっただけで、全てを赦して、明るくたのしく感謝の生活を送り、多くの人々に教えを伝えるように努めているという話であった。さらに隠し子については、仕送りもせず、認知もしないままで、今は全く縁を切っているらしいという話であった。

Mさんは明るい人柄で、教えられたことをすぐ実行に移す素直な心を持っておられるようだから、今後もますます良いことが積み重なって行くことであろう。この永い人生では、各所でいろいろの出来事が起る。たとい失敗があっても、必ず立ち直れるし、失敗はまた「成功の母」となるものである。

信仰をとりもどす

さて平成十二年九月二十七日の団参では、佐賀県杵島《きしま》郡山内町《やまうちちょう》宮野に住む浅井律子さん

（昭和二十一年九月生まれ）が、次のような話をされた。律子さんは昭和三十年に入信して青年会活動*をし、教化部にも奉職していた。ところが結婚後は二十数年間、現象的な出来事にひたって、信仰を忘れかけていた。

すると幸いにも四年前から次女のなお子さんが佐賀県の教化部に奉職したのが、律子さんの信仰を甦《よみがえ》らすきっかけになった。まず一所懸命に御先祖の供養をするようになり、講習会の受講券も家族五人分を購入し、やがて家族で話し合って数十枚も奉納するようになった。さらに普及誌*も部数をふやした。

ご主人の秀宣《ひでのぶ》さんは、長男として家を嗣《つ》いでいたが、十年前弟さんが突然家に入って、秀宣さん一家が家を出ることになったのである。そこで近くに借家をして、足腰の弱った母の下《しも》の世話までしているうちに、この弟さんは糖尿病で倒れてしまった。そこで彼の看病や食事の世話なども律子さんがした。すると母が、

「あんた達が本家に帰ってきて、家ば守ってくれんで、仕方ないたいね。帰ってきてくれんね」

と言われた。そこで再び本家に帰って住むようになったというのである。こうして教化

部長さんが、「神様のことに、時間やお金はおしみなく使いましょう。必ず十倍にも百倍にもなって帰ってきますよ」と教えられたことが、本当だったと話されていた。

このように善い種子を播《ま》いていると、必ずよい果実がみのるのであって、それにはやはり年月や時間が必要だから、スタミナを要するのである。さらに又律子さんは母親教室の活性化を行い、練成会の推進に邁進するようになり、現在は地方講師で白鳩会の支部長ともなって活躍しておられるのだ。

その間《かん》長女ののぶ子さんが、職場の健康診断で、精密検査を受けるようにと忠告された。そこでかかりつけの病院に行き、紹介状をもらって、さらに病院数ヵ所を回ることになった。今まで病気したこともなかった長女が、どうしてこんなことになったのかと思い、律子さんは教化部長に相談した。すると、こんな意味のことを言われた。

「ご先祖様や、今は亡くなっておられるご両親に、娘を助けて下さいとか、病気を治して下さいとかと祈るのではありませんよ。こんなに大きくなるまで育てて下さって、有り難うございますと、感謝するような祈りをしなさい」

そこで律子さんが毎日一所懸命で、教えられたような〝感謝の祈り〟をしていると、やがて佐賀医科大学医学部附属病院から入院するようにと言われ、のぶ子さんは入院して入念な検査を受けた。その結果、まだ原因不明だった糸球体《しきゅうたい》腎炎からIgA腎症（細胞が死んで行く病気）になったという結論になり、その治療としては薬を飲んで進行をゆるやかにする方法しかないとされていたのである。しかし扁桃腺を切除する方法をやってみるかどうか、その選択を求められたのであった。

何という字？

このような選択は中なか難しいところだが、結局インスピレーションによる以外にはないだろう。そこでのぶ子さんはこの治療法を受けることにした。一方律子さんは〝龍宮海練成会＊〟を本気になって受ける決心をして、この地方練成会に参加した。その練成中、ハッと胸を突かれる思いをしたのである。それは、子供たちには、

「お父さんに感謝しなさいよ」

と言いながら、律子さん自身は夫に心から感謝はしていなかったと気付いた。育児や家事に追われて、「子供を第一にし、夫は第二にする生活」になっていたということだ。子供

（のぶ子さん）の不可解な病気は、私を導き教えてくれる観世音菩薩のお働きであった、と思ってあらためて子供に感謝し、ご主人に対する考え方や行動を改め、生長の家の教えにあるように、夫にハイと言い、ニコッとし、ポンと立つことを実行しようと決心したのである。するとのぶ子さんは薬による多くの副作用が心配されていたのだが、これといった副作用は何も起きなかった。さらにそのころの医学界で一つの治療法が見つかったと言われ、その治療法にもとりくみ、一月半ほどたった時、主治医の先生が来られて、

「浅井さん、不思議だね、何でこがんようなったんやろうね。この分やったら、早う退院できるか分からんよ。ホント何の病気やったんやろうね、不思議だ、不思議だ……」

と言われた。律子さん親子は、このドクターにも心から感謝し、しばらくはその治療を続け、予想よりも一月も早く退院することができたのである。そしてのぶ子さんは平成十二年八月の中高生練成会*には副運営委員長として参加し、仕事も以前勤めていた小学校から求められて、司書として勤務することになったという話であった。

一方次女のなお子さんは青年会の事務局長として活躍し、三女さんは生命学園*が大好きで、いつも笑顔で「今日も生長の家だね」と送り出して下さるご主人（農業）に支えられ

て明るく楽しい毎日を送っておられる幸せな浅井さん一家となったのである。

人はこうして過去のいきさつや、失敗にとらわれることなく、いつまでも正しい信仰を堅持《けんじ》し、助け合い、感謝し合う人生を力強く送って行くことが大切である。そしてさらにまた死も単なる一ハードルとして勇気をもって飛びこえるスタミナを持たなくてはならない。平成十二年十月十四日の「産經抄」には、次のような故ミヤコ蝶々さんの記事がのせられていた。

《〝なにわ女〟を演じつづけたミヤコ蝶々さん（八〇）が東京出身、それもチャキチャキの日本橋小伝馬町生まれとは知らなかった。四歳のとき父親に連れられて関西へきたという。役者というものはすごい▼そういえば歯切れ良い語り口といい、ひとり芝居「おもろうて、やがて哀し」の舞台といい、いわゆるコテコテの大阪的笑いとはどこか違っていた。そう書くと大阪人にしかられそうである。本来、舞踊でも落語でも上方芸能は洒脱《しゃだつ》なものだから▼「東京落語に大阪漫才」という言葉がある。漫才の発祥の地は大阪で、その主流を夫婦漫才が占めた。だが蝶々・雄二、唄子・啓助、敏江・玲児…と人気コンビがみな離婚している。それをネタに「新しい嫁はんとうまいことといってるか」などというギャグで人を笑わせた ▼戦後の混乱期、蝶々さんはヒロポン中毒で入院した事がある。すると病院の隣の刑務所の服役者たちが彼女を指さして「人間、ああなっちゃ、おしまいや」といった。それを聞いてヒロポンをやめる決意をしたそうだ ▼昭和三十年に『夫婦《めおと》善哉《ぜんざい》』はラジオ番組としてスタートし、のちにテレビに移った。妻のへそくりや夫の浮気など家庭のプライバシーまで巧みな司会で引き出し、人気トーク番組のはしりになった。コンビの夫・南都雄二の芸名は、台本の字が読めない蝶々が「何という字？」と聞いてばかりいるところからついた ▼その由来話はあまりにも有名だが、蝶々さんは後年、「日向すゞ子」のペンネームで脚本を書いたり、自作自演をしたりしている。字が読めないどころではない。プロ意識の努力は、東京生まれならぬ〝なにわ女〟のド根性だったろう。》

＊特志会員＝生長の家の運動に共鳴し、献資をする人たちの集まりである「生長の家聖使命会」の会員の一種で、月額一万円以上を奉納する会員。

＊青年会＝生長の家の青年男女を対象とし、生長の家の真理を学び実践する会。

＊普及誌＝生長の家の月刊誌。「白鳩」「光の泉」「理想世界」「理想世界ジュニア版」の四誌がある。
＊龍宮海練成会＝佐賀県佐賀市大財四―五―六にある、佐賀県教化部で行われる地方の練成会。
＊中高生練成会＝生長の家の、中・高校生を対象とし、生長の家の真理を学び実践する会。
＊生命学園＝生長の家の子供のための日曜学校。全国各地で開かれている。

二　播いた種子が生える

原因と結果

この世の中では色々の事件が起り、幸福を感ずることも多いが、時には失敗だったと思うことや苦しい出来事も起ってくる。しかしこれらの出来事は夫々《それぞれ》の原因があって、その結果が出て来るのだ。一見何の原因もなく、ひょっこりと出て来るように思われても、実はそれ以前に播《ま》いた種子が今生《は》えて来たということである。そのような時、種子から芽が出るには、ある〝時間〟が必要だから、その直前の出来事が原因で起ったということではない。

例えば朝食をとってすぐ洗濯しようと思って洗濯機のスイッチを入れたが、動かなかった。それは朝食より前に何かの原因があって、機械が壊れたか、電源が切れたかしたのであって、「朝食」が原因というわけではない。ところがすぐ前の出来事が原因で、故障が起ったと考え違いをすると、朝食の原因で洗濯機が回らないということになる。そんな馬鹿な話はないのに、そう考えてしまう人がいると、大変な考え違いのため、人生を誤った方向に持って行くだろう。例えばある日誌友会にさそわれ、生長の家の「神の子・人間」を信仰し始めたのに、すぐ次の日腹下《はらくだ》しをした。しかしそれは、信仰が原因であるはずがない。もっと以前に食べた物が悪かったか、風邪のウイルスが入っていたということもありうる。時間的に前後が続いているようでも、直前の行為が原因とは限らないのだが、信仰の話になると、すぐ直前の行為と結びつけてしまうことがよくあるのだ。直前でなくても、だいぶ以前のことでも、縁起《えんぎ》をかついで、それとこれを結びつけて、信仰なんかするものでない――と思うのは、あまりにもセッカチな判断であろう。

北九州市小倉北区霧ヶ丘に住んでおられる川上フサ子さん（昭和十二年一月生まれ）は昭和五十六年に入信した。その直接の動機は御主人の恭平さんが酒乱みたいになって、それがフサ子さんの悩みの種《たね》だったからである。当時御主人は酒を飲みはじめると、適量でやめられず、とことんまで飲んで深酔いをし、聞くに堪《た》えない暴言をあびせるのだ。しかし酔いがさめるとシュンとしておられるので、今こそこっちの出番だとばかり、フサ子さんは夫を責《せ》め立てるのであった。これではいつまでたっても悪因と悪果とが繰返されて行くばかりであろう。

ところが幸いなことにフサ子さんのお母さんが生長の家を信仰しておられたので、この夫婦の状態を見るに見かねて、入信をすすめられた。そこでフサ子さんは本を読み、お話を聞くようになった。すると「環境は心の影である」とか「女性の天分を出し切ることが大切だ」と教えられ、自分の心を反省し、夫にやさしい愛深い妻であることを努めていると、次第に恭平さんも変わり始め、やがて酒乱が治ってしまった。お酒は飲んでも、深酔いをしなくなったのである。

事故と恐怖

そこでこんなすばらしい世界があったのかと、フサ子さんは有頂天《うちょうてん》になった。ところがそのころ当時十七歳だった次女の千恵さんが交通事故にあい、頭蓋骨《ずがいこつ》複雑骨折、左胸骨々折、上顎骨《じょうがくこつ》々折等の重傷を負って入院した。意識もなく、顔の形も変形する程の傷だ。そこでフサ子さんはすぐ神癒《しんゆ》祈願*を申し込み、さらに地許《じもと》の誌友さん達も真剣に回復を祈って下さったのである。又加害者の家族の方々もすぐ聖使命に入れてあげた。その結果六時間に及ぶ手術が終り、八時間後には意識を回復した。その後の回復ぶりは目ざましいもので、フサ子さんが沈んでいると千恵さんが、

「お母さん、心配しなさんな。病気だったら又悪くなることもあるかも知れんけど、私のは事故だから、意識が出たらもう治るしかないから大丈夫よ」

と、逆にはげましてくれるのだった。こんなにすばらしい精神状態になるということは、決して偶然ではなく、そうかと言って〝事故のおかげ〟という訳《わけ》でもない。そうでないと、こんな貴重な精神になるためには、「事故が必要」と主張する人が出て来るかも知れないからである。一見そのように見えても、さらにその奥にある祖母や母親の信仰がやっと娘さんの姿に現れて来たのだという方が確からしい。

勿論《もちろん》生長の家の信仰に入ったから、それが原因で、娘さんが事故を起したのではない。時間の流れから見ると、そのようになっているが、そんな理屈が通るのは「因果律」の中

に含まれる時間の因子を勝手に計算しているからである。因果律は「因縁果」の法則とも言われ、時には「業《ごう》の法則」とも言う。業は身《しん》・口《く》・意《い》の集積した〝三業〟といわれるものであり、これがある時期（時には長年月）を経《へ》て生れ変りの後にも結果を表し出す。〝縁〟とは補助原因のことで、色々の条件が整った時に種子の芽が生えて来るような〝諸条件〟をさしている。その中には勿論〝時間〟という条件も、日光や水分などの物的条件も入るのである。

このようなことを知っていないと、直前の行為からすぐ次の結果が出て来ると思い違いをするのだが、川上さんの一家でもこれが起った。しかし幸いフサ子さんはどんな経過を経ても、常にプラス思考で明るく看護するように努めたので、千恵さんは何の機能障害もなく全快し、その後すばらしい男性にめぐり合い、平成九年には結婚する予定だということであった。フサ子さんもこの機会に普及誌の百部一括の愛行を始めることにした。

さらにこうした一連の経過をみて、妹さん夫婦も感動して、姪《めい》家族四人、甥《おい》家族四人の十人が聖使命会員に参加されたということだ。ところが御主人だけは例外的に、娘さんの事故があってから、宗教を信ずることに恐怖を感じて、

「後で何が起るか判らないから、たのむから生長の家をやめてくれ」

とおっしゃるのである。これは生長の家の入信と事故とを直接結びつけたからであろう。一方フサ子さんは報恩感謝の道しかないと思うが、御主人の願いと食いちがってしまうので、とても悩み苦しむようになった。

夫婦の悩み

奥さんが悩むのを見ると、夫も苦しい。逆に奥さんが悩むので楽しく嬉しいという夫がいたらおかしな話だ。こうして御主人の心の不安はかつての酒乱の状態を再現し、「お前は、生長の家から給料をもらえばいいだろう」などと言って、少しのお金も渡して下さらない日もあるようになった。

丁度《ちょうど》そのような時、今まで二十年近く音信不通だった兄さん（平原実《みのる》さん）から、突然電話があり、

「今、小倉駅に来ているのだけど、会ってくれないか」

という。早速面会すると、

「お前には永い間迷惑《めいわく》をかけて済まなかった。これは俺の気持だ」

とおっしゃって、百万円を渡して下さった。今までフサ子さんはこの兄さんを聖使命会員として、ひそかに幸せを祈り続けていた。そこで早速その月から兄を特志会員にした。

一方御主人は平成六年三月に定年退職したが、退職金を頂いた翌日から、雨の日も風の日も、日曜日も祭日も、大金をポケットに入れ、何かに憑《つ》かれたように暗い顔つきで家を出られる。行先を聞いても、返事をしてくれない。でもフサ子さんは、その後ろ姿に向かって明るく、

「行ってらっしゃい」

と声を掛ける。だがその後でヒシヒシと空しさと淋しさとを感じ、浄心行*をしたり、聖経読誦《どくじゅ》をしたりして、まぎらわしていた。そんな状態が約一ヵ月あまり続いた。すると五月二十二日の早朝、突然恭平さんは心臓発作を起して倒れてしまった。今まで一度も医者に掛かったことがないくらい健康な人だったのに。

緊急入院をした結果、幸い一命を取り止めたし、やがて病状も安定し、これから本格的治療を始めましょうと言われた翌日、御主人は急に「退院する」と言い出した。そこで主

治医とは中々《なかなか》話が折り合わず、

「今後、何が起っても、一切責任を持ちませんよ」

という言葉を後に、退院してきた。自宅に帰って後も、恭平さんは度々《たびたび》大きな発作を起した。これはやはり前々から続いた奥さんとの心の葛藤《かっとう》が肉体的に表されたからであり、奥さんの方でも気が気ではない。御主人は発作があると前かがみに両手を下についた坐ったままの姿勢で一睡も出来ないし、食事は勿論、水さえ飲めない状態が何回か続いた。そのため骨と皮のように痩《や》せ細り、医者の治療も受けないまま頑張っておられたのである。

実相円満完全

医療を拒絶するばかりでなく、生長の家の話も受けつけない。これではそのまま死ぬのかしらと思うと、フサ子さんは居ても立ってもおれない気持だ。しかし彼女は心をこめて、御主人の全身をさすったのである。そして病気では死なない、寿命が来て死ぬだけだ——と思った。御主人をさすりながら、心の中で「実相円満完全」を唱え続けた。するとある段階で、突然堰《せき》を切ったように、声に出して、

「実相円満完全、実相円満完全……」

と、夢中で唱えていた。どの位たったか判らないが、フト気がついて御主人を見ると、とても楽になった様子で、横になって寝ることが出来、その後はもう大きな発作が起らなくなったのである。

しかもこの時以来、御主人は生長の家について一切文句を言われなくなり、フサ子さんの信仰を認めて下さるようになった。当然御夫婦は完全に和解して、すばらしい家庭生活が送られるようになったのだが、それはフサ子さんが生長の家を知ってから、すぐではなく、かなり長い月日を経て、お互いの心が次第に変化し、御主人の過去の姿に引っかからず、現象に左右されることがなくなり、愛を表現しはじめることが徹底してきたからであった。つまり原因結果の法則には、適当な時機というものが隠されていると言うことも出来るのである。

現在フサ子さんは、今までの頑《かたくな》な心を大きく開き、心の底から夫に感謝出来るようになられたし、御主人も見ちがえるように明るくなり、大調和の家庭生活を送っておられるのである。フサ子さんは現在地方講師であり、白鳩会の支部長さんでもあるが、彼女の信仰の基礎は、お母さんが播《ま》いておられたのだ。種子というものは、パッと播いたらすぐ芽が出て、果実を結ぶというものではないのだから、あわててオカゲを求める心は、捨て去った方がよいのである。

さらに又Y子さん（大正十五年一月生まれ）という方が福岡県の大野城市《おおのじょうし》に住んでおられるが、彼女の場合は御主人ではなく、息子さんのギャンブルだった。Y子さんは昭和二十年に結婚し、二人の子供さんを生んだが、昭和二十九年に御主人と死別した。その後は生活のために働く決心をし、子供をY子さんの両親に預けてずっと仕事をした。途中から県の労務課の方の試験を受けることを勧められ、受験するとパスしたので、その方面の仕事に精を出したのである。

そうこうするうちに、脚が痛くなり、六十歳の定年でやめることにした。するとその頃からMさんという息子さんが、競艇に夢中となり、借金がふくれ上がり、とても苦しそうだ。Y子さんも苦しくて悩ましい。どうしてよいか分からぬまま、「馬鹿息子」とか「クサレ息子」とかと悪口をついていたが、これでは息子さんもよくはならないだろう。何故なら、この現象界はコトバで作られて行くからだ。憲法でも、法律でも、命令でも、辞令でもみな言葉である。「結婚しよう」という言葉から一つの家庭が生まれ、「バカ息子が」と言う度にバカ息子が作り出されるからである。

まだ乳を飲ませるか

Y子さんは息子のM君が大きくなり結婚してからも、そのような言葉で息子を叱っていた所、お嫁さんが子供をつれて、サッサと里に帰ってしまった。さらにこの嫁さんも平成五年には胃癌で亡くなるという不幸な運命を辿《たど》ったのである。これは勿論、息子を叱ったY子さんの言葉だけのせいではなく、そのようなギャンブル漬けのMさんと彼女との不仲のせいであり、心の葛藤や、食生活やその他諸々の原因群（因縁）の結果（果）が次第に実現して、「不幸な結末」を作り出すからである。

Y子さんもこうした心配事で遂に倒れてしまい、半年ぐらいは動けなくなっていた。しかし「これではいかん」と思う。息子はたよりにならないが、娘さんが京都の長岡京に嫁に行っていた。そこへ逃げて行こうと思い、家の中を片付け始めた。しかし嫁に行った先に転がり込むのも楽しくはないし、行きにくい。それも悩みのもとだ。そんな苦境に陥《おちい》った時、近所の平山さんという御婦人が生長の家をやっておられて、その人が来てこう言った。

「あんた、京都へ行くぐらいは、いつでも行けるじゃないか。その前にちょっとだけ、生長の家の話ば聞かんね?」

聞かんねとは、聞かないかという誘いの言葉だ。これもコトバにちがいないが、それがY子さんにビリビリと作用して、彼女の心が動いた。いい先生を紹介してあげるという平山さんの言葉につられ、ある日彼女の後についてゆには練成道場にやって来た。そして個人指導を受け、色々と心配事を話し、そのいい先生のお話を聞いたところ、こう言われるのだ。

「あんた、四十八にもなった息子に、まだ乳のましよったな」

Mさんはいつの間にか四十八歳になっていたが、まだ幼子のように乳を飲ましているのかという詰問《きつもん》である。いい年をした息子のことをまだ心配してクドクドと言うなという意味だ。Y子さんは恥ずかしくて仕方がない。ゆにはで十日間の練成を受けることにしたが、人間は本来神の子である、もともと素晴しい、それを認めるとき、その実相が現れるのだということが根本の教えであった。それに加えて心の法則、業の法則が説き明かされた。

これらのお話を聞いているうちに、Y子さんは嬉しくて楽しくてたまらなくなった。毎日が、

「ああ嬉しい、たのしい、有難い」

の連続だ。それまでY子さんは三十年以上別の宗教をやっていたことがある。仏教も十何年かやった。しかし信仰心はあっても、いつも暗い言葉で、欠点や罪や不幸をアリと見詰めていたから、すこしも幸運が実って来なかった。それを深く反省して、これからは生長の家で生きるのだと決心し、十日間の練成を明るく感謝して受けたのである。

さて帰宅すると、いの一番に仏壇にお詣りして、御先祖様と亡くなった御主人に、懺悔《ざんげ》してお礼を言った。今まで父母にも夫にも不足ばっかり言っていたからだ。そしてフト見ると、仏壇に「感謝状」と書いた紙が置いてある。何だろうと思ってよく見ると、金一封が置いてあった。息子のMさんはタクシーの運転手をしていたが、現在は営業と無線の方の係りになっていた。そこで息子さんに詳しく聞くと、「ちょっとばかしタクシーの水あげが上がったので、社長が何人かに金一封と感謝状を出してくれたのだ」と言うのである。さらに今まで横をむいて物も言わなかった息子さんが、色々と話しかけてくれるではないか。

「おふくろ、あんた十日間、どこへ行っとったとね」

ゆにはに行ったと話すと、息子さんの方がよく生長の家の道場の名前や場所を知っていて、

「あそこは、神様じゃろ?」

「そうよ、すばらしい神様よ」

「そりゃよかった。あんた、いつ行ってもよかよ。あとは自分で仕切るけん」

と、息子はまるで一変した人のように、四十八歳の立派な男性らしくなっていたのであった。

＊神癒祈願＝神の癒しによって、問題が解決するように祈ってもらうこと。生長の家本部、総本山、宇治別格本山、本部練成道場などで受け付けている。

＊浄心行（じょうしんぎょう）＝心の中にある憎しみや悲しみなどを紙に書き、それを生長の家のお経を読誦する中で、焼却し、心を浄める宗教行事。

三　運の強い人になる

ミレニアム

西紀二千年というと、二千年昔にイエス・キリストが誕生されたというので数えはじめた年号だが、史実によって確かめられたお誕生日ではない。いつの間にかこのような年号で世界の多くの国々は毎年を数えはじめた。そんな年号と無関係の国も沢山あるが、平成十二年は一応そのような「節目の年」というので、ミレニアム（millennium）千年紀、千年祭などともいうようである。その二千年祭を、ニューヨークのタイムズ・スクエアで迎えたいというのでわざわざ日本から出掛けられたご夫妻がいた。八王子市泉町に住んでおられる西田滋子《しげ》さん（昭和十三年五月生まれ）と博次《ひろじ》さんだが、滋子さんは平成十二年五月二十日の団体参拝練成会で、次のような体験を話して下さった。

彼女が生長の家にふれたのは、戦後二、三年たった小学生のころだった。お母さんから伝えられたという。このお母さんは七十歳をすぎてから地方講師となられ、十三年前に昇天されたということである。その後滋子さんは結婚されて、三人の娘さんを持った。

滋子さんは二千年ミレニアムを、どうしてもニューヨークで迎えたいと思い、早くから航空券を手配して待っていた。ご主人もアメリカ大好きな人だったので、一緒に行きたいと思っていたが、

「今回はどうしても気乗りがしない」

とおっしゃるのだ。何か悪い予感がしたのかも知れない。人は誰でも、少し先の事件を何となく予知して、いやだなと思うこともあるし、その反対のこともある。人には誰でもそのようなＥＳＰ（extrasensory perception）超感覚能力があるからだ。しかし人によってはその感覚が強い人と、弱い人とがあるものだ。

それまでの滋子さんはいつも、夫のおっしゃることには気持よくハイと答えていた。しかし今回は彼女の希望が強すぎたらしく、何とか説得して、ご夫婦で渡米した。当時博次

さんは高血圧気味で、降圧剤を飲んでおられたが、その他は健康そのものだった。さて渡米してみると、ニューヨークはとても寒く、室内と室外との温度差が三十度以上もあった（華氏だろう）。

医療救済

ご夫婦はニューヨーク在住の次女さんの家に宿泊されたのが、大晦日のことだ。その朝、博次さんは「ちょっと胸が苦しいからお医者さんに行きたい」とおっしゃった。で行ったところ、

「かなり血圧が上がっている」

と言われた。夕方になると、

「胸が苦しいから、救急車を呼んで」

とおっしゃって、すぐ救急救命センターに運ばれた。四時間ほど色々の検査をしてもらい、入院することが必要になった。しかし病室が空いてなく、そこで寝るようにと言われたが、ご主人はそれを断り、次の病院に移った。するとまた各種の検査が行われ、心臓自

体はどうもないが、心臓への血管のバイパスが詰まっている。一月三日の月曜日になるとドクターが来られるから、より大きな病院へ行って検査しようということになった。

こうして第三の病院でも検査の結果、心臓へのバイパスが九十九％つまっているから、手術をした方がよいといわれた。そこで家族で相談して、手術してもらうことにした。このように各病院で検査を続けたので、かなりの額の支払いとなった。そこで娘さんは、外科医のドクターに相談して、

「支払いをどうしようかと思っています」

と打ちあけたのである。するとその外科医さんは、メディカル・ケアー（医療救済）という方法があるから、申し込んではどうかと助言された。そこでその手続をした。結果は二、三ヵ月後に分かるというのである。

一月五日という日は西田さんご夫妻が帰国する予定日だったが、午後一時から手術ということに決まった。そこで滋子さんは飛田給の本部練成道場*へファックスを送り、神癒祈願を申し込んだ。そして『甘露の法雨』を読誦《どくじゅ》して、神さまに全托の祈りをした。手術は六時間半かかったが、左腕と左脚から三本の血管を取り、それをバイパスとして使ったと

いうことだ。アメリカの病院は外科、心臓外科、心臓内科のドクターたちが一緒になって治療に当たる。そしてほとんどの心臓手術の患者は、四、五日で退院する。しかし西田さんは翌日退院ということになった時、不整脈が現れた。

そこで「内科的な処置をしよう」ということになり、部屋に一杯器械を持ち込んで、その治療が行われた。さて不整脈の処置も終ったというので、医師も看護婦も、共に喜んで下さった。そこでいよいよ退院となったが、「退院後一ヵ月しないと帰国できないよ」と言われた。こうして一ヵ月後にはやっと日本に帰ることができたのであった。

さらに帰国して後一ヵ月たって、娘さんから電話が掛かり、「メディカル・ケアーのカードが来ました」との知らせだった。あのように複雑な検査や手術などが行われたので、どの位の補助金が受けられるかは大変気にかかる所だ。ことにアメリカでは医療費が高い。だから入院費も高く、多くの場合お産でも、二日ぐらいしか入院させないで帰宅させるのである。

三時業について

しかし西田さんは国民健康保険に入っていたので、そのことを問い合わせると、海外の救済は一切しないという話であった。そこでいくら支払をすればよいのか、先方からどれだけのメディカル・ケアーが出るのかに、関心が集中した。そこで滋子さんは毎日神様に祈っていたのである。

すると四月の終りになって、在米の娘さんから電話があった。その話では、西田さんがアメリカで申請したメディカル・ケアーで「治療費は一切無料」という連絡があったというので、大安心し大いに感謝したという話であった。先方の請求書も一万ドル単位（約百万円単位）、千ドル単位、百ドル単位で一週間か二週間おきに来るのだが、無料だったから全部でどの位の金額になったかは分からなかったそうだ。西田さんは今まで生長の家にも、その時できるだけの献資や感謝行*をしておられたので、このような海外でも「無限供給」が行われたのであろう、というような体験発表であった。

このように人の運命というものは、多くの人々や医療機関、あるいは保険や保護機構によっても左右される。しかしその根本は人々の思いや行動、そしてコトバによって作られるのである。これらを仏教では身《しん》・口《く》・意《い》の「三業《ごう》」というが、このような平素の行為

（コトバ）が積み重なって善悪の業となり、その総決算が適切な時に行われるのである。その時期は大抵不明だが、時には前述のＥＳＰによって予知される場合もある。しかしこのＥＳＰも概算的に発見された（とされる）ものだから、その予知・予感はマチマチである。

「何となく、そんな気がする」

といった所で、人によると常に希望が外れる人もいる。ところがその失望も、〝常に〟となると、これはＥＳＰがアルということで、常に「当たらぬ方に当てる」傾向の人だということなのである。

こういう人は「自分は運が悪い」「いつも当たらない」と思うだろうが、これはその人の運をそのように悪い方に（あるいは暗い方に）作り出しているのであって、その根本は本人の「心の傾向」にある。それ故吾々は「心を明るく、コトバを明るく」することを奨励している。つまり「運の強い人」になることが必要だ。東郷平八郎元帥がそれまで海軍大学校の校長だったのに、明治三十六年にいきなり連合艦隊司令長官に任命され、明治三十八年五月の日本海海戦でバルチック艦隊を撃滅したのは有名な事実だが、それは「運の好い男ですから」というのが主な推薦の理由で、当時の山本権兵衛海相が明治天皇陛下にそうお答えした。

本当に運が強いのは賭け事に強いのではなく、善業を積んでいるということであって、その善業は（悪業も）代々の前生からの善悪の行為の集積されたものだ。「業の法則」は過去世、現世、未来と続くので「三時業《さんじごう》」とも言われている。（『正法眼蔵を読む』「新草の巻・拾遺」*二百三十五頁より参照のこと）

しかも運を強くするには、人間の本性を仏性《ぶっしょう》であり「神の子」であると、心から確信するのが根本であって、そうすれば「光が闇を消す如く」本来の実在界の「神性・仏性」が現象界にも映し出されてくるのである。

死か植物人間か

例えば新潟県西蒲原郡《にしかんばら》西川町松崎に住んでおられる相馬《そうま》フミさん（昭和十九年十月生まれ）は、平成十二年五月十四日に宇治の特別練成会*で、次のような体験を話して下さったことがある。彼女は平成九年に肝硬変と肝臓の腫瘍のため、腹水がたまり、むくみと黄疸《おうだん》が出て、意識不明となり、済生会新潟病院に緊急入院した。すると診察の結果、今の医学ではどうすることもできない。「死か植物人間か、二つに一つだろう」と言われた。

そこで一時帰宅という形で退院した。フミさんが医学でだめなら、一度生長の家の宇治の練成道場へ行ってみようと思い立ったのは、昭和五十八年四月以来生長の家に入信しておられたからだ。しかも彼女はその時、練成会に行ったら治るとか治らぬとかじゃなく、「新生したい」という思いで平成十年四月の練成会に娘さんと一緒に参加されたのがよかった。

フミさんは今まで「親に感謝しなさい」という言葉を度々聞かされていた。しかし自分は親に何一つ心配をかけたことはなかったと思い、「親に感謝する」ということが今一つ分からなかった。そこで総務の楠本講師にその意味をきいてみた。すると、

「あなたが小さい時、親がどんな気持で育てて下さったかを考えてごらんなさい」

と言われた。そこで小さい頃のことを考えてみたところ、二歳のころに眼を患《わずら》い、失明寸前の状態だったという話を思い出した。当時はあまり医療が発達していなかったし、交通も不便だった。近くに眼医者さんもなかったので、遠い所まで母に背負われて通ったものだ。その時母が「早く帰らないと、農作業が遅れる」と思い、電車の時間がなかったの

で、フミさんを背負い、地下足袋《じかたび》をはいて鉄橋を渡って行った。その途中、鉄橋がユサユサとゆれ出した。母がうしろを振り向くと、汽車が今まさに鉄橋を渡り始めている。進退きわまった母は、彼女を負ぶったまま川に飛び込み、必死になって泳いで、やっと向う岸にたどりついた――というのであった。

その話を思い出したので、フミさんは今まで父母に何の心配もかけたことがないと思っていたのは間違いだ。何とも言えないくらいのご恩をうけて、今この世に生きているのだと気がついた。しかもその眼も見えるようになり、こうして生き長らえている。あの時助かったのも運がよかった、父母の恩愛のおかげだと気がついたのである。

そこで浄心行をして、先祖供養をした時に、泣けて泣けてたまらなかった。さらに笑いの大会の時には、肝臓のあたりから、笑いが飛び出して来るように笑った。それはものすごい笑いだった。ああ、人間ってほんとに「神の子」だ、私の中に神様がいらっしゃる――という実感が得られた。彼女がやっとのこと宇治の練成道場に来た時は動けなかった体が、四月の練成会でその笑いと「神様がいらっしゃる」という実感が得られてから、体が急に軽くなり、今までは寝たままで講話を聞いていたのが、別人のように元気になって帰宅できたのだった。

笑いと信仰

さて帰ってからすぐ病院に行って診《み》てもらったところ、いくらCTを撮《と》っても、腫瘍が発見されない。そこでドクターは、

「あんた、どういうんだろう、この人……」

と言って不思議がり、今まで撮った何十枚ものCTなどを見くらべて、

「僕らには、考えられませんね」

とおっしゃった。そんな結果の分かったのは四月だったが、五月になると再び練成会に行きたくてたまらなくなった。そこで子供が遠足に行くような気持になって、ご主人に、

「もう一回行っていいですか」

ときいた。すると、

「お前が行かれるなら、行ってこい」

という返事だったので、五月に再び宇治の練成会に参加された。それが特別練成会だっ

たので、私の講話の時間が来た。それまで彼女はお風呂に入っても、夏でも汗一つ出な

かった。いつも背中に氷を背負っているような気分でいた。その寒さが消えて、汗が出は

じめたのである。

「私、どうしたんだろう」

と思って不思議がったが、以来彼女の冷え症は消えてしまった。さらに眼が悪かったの

で以前から医師に「白内障」と言われていたのに、汗が出た時以来、その白内障も癒《いや》され

た。さらに笑いの大会があった時、今度は横に引っぱられるような、ものすごい笑いが出

て来て、やはり嬉しくてたまらなかった。

こうして練成会が終り、帰宅して病院に行って診てもらうと、今まで肝硬変のため肝臓

の三分の二が硬くなっていたのに、

「あなたの肝臓は、柔らかくなってきたね」

と言われた。さらにフミさんは六月にも練成会に来て、永代供養*をして、すっかり元気

になり健康体になった。平成十二年五月十四日には、以上のような体験を話されたが、当

時普及誌百部を一括購入し、地方講師としても活躍し、新潟北越教区練成会の〝笑い〟の

方のお手伝いをしているということであった。

「笑い」というのは人間が他の動物と異なる最大の特長の一つだが、この笑いには不思議な力があるということが医学的にも認められている。人は嬉しいと笑い出すが、笑っていると嬉しくなってくる。しかもそれが免疫力を高め健康を増進するし、運命をも好転させるのである。

さらにもう一つ、人間が他の動物と違う最大の特長は「神を信ずる力」を持っていることだ。しかも信仰には色々の段階がある。天地一切の物に神宿り給うという信仰もあり、これを多神教という人もあるが、必ずしもそうではない。「一即《そく》多」であり「一仏一切仏」でもあるから、一神教でもある。世間ではこの「一神」と「多神」とを別ものと考えるが、それは「一即多」の真理を知らないからであり、一神のほかに多神があるというような一神では「絶対神」ではなくなるのである。しかしこの「絶対神」の信仰においては、それ以外に悪や罪は存在しないのであって、ただ現象界に現れて感覚されている仮象《かしょう》には善悪多少の様態があるだけ、という結論にならざるを得ないのである。

＊飛田給の本部練成会＝東京都調布市飛田給二―三―一にある、生長の家本部練成道場のこと。毎月各種の練成会が開かれている。

＊感謝行＝全てのものに感謝する宗教行として、清掃などをすること。

＊『正法眼蔵を読む』「新草の巻・拾遺」＝生長の家総裁谷口清超著。道元禅師の著書『正法眼蔵』を平明な現代語に訳し、解説を加えた書。この他、上・中・下の三巻がある。（日本教文社刊）

＊宇治の特別練成会＝京都府宇治市宇治塔の川三一にある、生長の家宇治別格本山で行われる練成会。生長の家総裁、谷口清超先生をお迎えして行われる練成会のこと。

＊永代供養＝亡くなった御霊に対して、永く真理の言葉を誦し続け、その魂が解脱、向上することを祈願する供養。生長の家宇治別格本山で実施している。

第3部

好運を招くもの

一　汝らの内にあるもの

罪ほろぼし

人はだれでも悪いことをしたら、自分で自分の行動を審《さば》く力を持っている。それは人間が本来「善」であり、悪ではないからである。人にウソをついて、胡麻《ごま》かしても、その当座は「うまくやった」と思うかも知れないが、やはりそのウソがバレはしまいかと思って、悩むのである。しかもそのウソを胡麻かし続けるために、ウソの上塗りを繰り返す。そして遂に大ウソをつきまくって、犯罪にまで及ぶ。これはウソの練習を繰り返すことによって、いつの間にか何がウソだか本当だか分からなくなり、やがて殺人にまで及ぶという〝うそ名人〟にまで成長するからである。

しかしその間たえず良心の呵責《かしゃく》に苦しみ悩み、それを胡麻かすために、酒や麻薬などを乱用して身体を破壊するのが常である。ところが良心の囁《ささや》きにうながされて、このウソやゴマカシやサギ行為を、やめたいと思う人も出てくる。例えば平成十年九月二十四日の『産経新聞』には、次のような記事がのっていた。

『二十三日午後八時十五分ごろ、愛知県知立市栄の名鉄知立駅内にある切符売り場のカウンターに、現金の入った封筒が置かれているのを助役の萩原文昭さん（四七）が見つけ安城署に届けた。

現金はすべて紙幣で計十七万七千円入っており、封筒の裏にはサインペンで「知立―名古屋17万7千円。どうもすみませんでした。H5／1からH7／12定期券分です。ほんとうにすみませんでした」と書かれていた。

同駅では、十八日にも同じような方法で、ほとんど同じ内容のわび文と現金五十万円が置かれており、これで現金は計約六十八万円となった。二つのわび文の文字も一見してよく似ているという。

同署は「キセル乗車などの違法行為の罪滅ぼしとみられる」として二件とも拾得物《しゅうとくぶつ》とし

て受理したが「名乗り出てもらわないと真意は分からないし…」としている。』

キセルという煙草を吸う道具を現代っ子たちは知らないかも知れないが、両端が金具で、中間が竹になってつないであるから、そこを煙が通って口に通ずるという仕組みだ。そこで定期券などを使って両端だけの料金ですますというインチキ行為をした、その罪ほろぼしの話である。

試作品

これは良心の咎《とが》めに従った善行《ぜんこう》であり、おまけに自分の身分を隠すという知恵も働かせた訳だが、それでもしばらくすると名鉄の所有金となることであろう。この記事を見て、自ら申し出て「これこれの次第で、キセル乗車をしました。そこでおわびを申し上げ、かつ支払いを致します」と名鉄に出頭したらどうだろうかと、考えてみた。すると何かの罰則があるのかもしれないが、その辺はよく判らない。しかし、キセル氏の気持は、もっと晴れ晴れとするだろうと思う。しかし先ずやりやすい「無名返金」という手段に出たのは、彼が取った第一段の行為としては良かったと言えるであろう。さらにもっと〝償《つぐな》い〟

をしたいと思うならば、どんなに小さくてもよいから、人や世の中のためになる善行を、どんどん積み重ねて行くことである。「やりやすい善行」をまず始めるのがよいのである。

何ごとによらず小さな善でも、立派な作品造りでも、時間をかけて努力し練習して行く必要がある。その善行や努力は、おそらく中々表面には出て来ないだろうが、必ず「善果」を生む。世の中に名人上手と言われる人々は、みなこうして練習を積み、努力を重ねて行った人達なのである。こうして世の中に、価値ある作品や発明や発見等が行われて行く。かつてのバルザックという文豪は、十九世紀前半にフランス社会を描写して〝リアリズム文学の頂点〟とまで言われた人だが、自分の作品の全集に「人間喜劇」と名付けたものである。

彼はずんぐりと太った太鼓腹《たいこばら》を抱えていたという。このスタイルはあまり絵や彫刻には向かないものだが、有名な彫刻家であるロダンは、このバルザックの記念像を作ることを依頼された。それについて、平成十年十月四日の『毎日新聞』の〝余録〟には、こんな記事がのせられていた。

『19世紀フランスの文豪バルザックは太鼓腹でずんぐり太っていた。記念像の制作を依頼された彫刻家ロダンは苦心さんたん、ナイトガウンを羽織《はお》ったバルザック像をつくった▲「雪だるま」「袋に入ったヒキガエル」と嘲笑《ちょうしょう》されたが、時間とともに評価が高まり、ロダンの代表作の一つになった。いまパリのロダン美術館がバルザック像を特集している。一つの作品を仕上げるまでに、おびただしい数の試作を重ねたことがよくわかる▲ロダンはバルザックの裸像をいくつも手がけ、さらに寝間着、部屋着、僧衣、敷布を巻きつけた着衣のバルザック像をつくった。頭部だけのものもあれば、全身像もある。試行錯誤の末に、ロダンが選んだのは、ナイトガウンを着て屹立《きつりつ》する巌《いわお》のようなバルザック▲「髪を振り乱し、一瞬も休まずに、夜を昼にして、熱情で沸騰している、真に英雄的なバルザックです」とロダンが語っている。太鼓腹とかずんぐり太っているとか、見た目とは関係ない、バルザックの本質を鋭くとらえた立像である(後略)』

生ける屍《しかばね》

このようにしてロダンは「バルザック像」を造り上げるために非常な努力をし、多くの試作品を作った。こうした熱烈な努力の積み重ねがあって、はじめて最後の〝傑作〟が生まれるのであって、どんな天才的能力も、努力や訓練なしには現れて来ないものである。しかも「バルザック像」が、発表された時には「袋に入ったヒキガエル」などと嘲笑されたという。だが良いものは、時間の経過と共に、次第にその真価が現れて来るものだ。

しかもこのような善因善果《ぜんいんぜんが》応報《おうほう》は、失敗や不評や病苦や経済難のような困難を通して現れて来ることが多い。それは神がそのような不幸災難を作り、人々の奮起を促《うなが》したのではなく（時にそのような表現を使うこともあるが）、本当は自己に内在する神性が、隠されていた自己限定の殻をやぶって噴出して来る一時的ケミカライゼーションである。あるいは又彼自身の過去の〝悪〟あるいは〝迷い〟を批判する良心的〝自己処罰〟であると言うことも出来るであろう。

例えば平成十年五月二日に、日本武道館で行われた「相愛会・栄える会*の合同全国大会」で、ロムアルド・モレイラ・デ・カルバーリョさんは、次のような体験談を話されたことがあった。彼は友人にすすめられて、二十年くらい前から生長の家の集まりに参加しはじめた。当時の彼はサンパウロで大変順潮な人生を送っていたが、もっと静かな生活をしたいと思い、大都会のサンパウロから田舎に行き農業を始めることにした。これは最近の日本でも時々起る現象であるが、これも田舎に行ってどんな仕事を、どのような手段でやるかによって、幸・不幸や成功と失敗が分かれるものである。彼によると、「そこから私の業《ごう》の自壊作用（ケミカライゼーション）が始まった」というのだ。同氏はやがて農薬中毒のために、血液が完全に冒《おか》された。やがてすっかり健康を害し、しかも農業にも失敗して全財産を失ってしまった。

そこでカルバーリョさん一家は、再びサンパウロ市に復帰した。こうして再び生長の家の誌友会に参加するようになったのである。つまり彼の田舎暮しの間は生長の家の会合にも出ず、やたらに農薬を使うという不衛生な生活が続いたことを意味している。どんなによい教えでも、それを日常生活の中で継続していないと、いつとはなしに初心を失い、生活が乱れ、生活習慣病が起ったり、薬害等の被害を受けたりするものである。

健康を害したころロムアルドさんは、毎週二回か三回医者に通っていた。心臓病、高血圧、内耳炎、胃炎、腎臓結石、脊髄《せきずい》障害、痔などに悩まされていた。毎日一度に八種類から十種類の薬を飲まされた。医者もなす術がないらしく、患者はただ多量の薬を飲むだけで、まるで生きる屍のような状態であった。

全てを捧げる

途方に暮れていた時、彼は次のように決意した。

「どうせこの先自分の人生は短いのだから、残りの生涯をこの生長の家の人類光明化運動に捧げよう。そして教えを弘《ひろ》めるために、必要なことは何でもやろう」と。

こうして彼は直ちに聖使命会に加入し、ポルトガル語の「光の泉」*を毎月十部頒布することをきめた。自分一人が信仰するのではなく、他の人々にも伝えたいという菩薩行の始まりである。

当時の彼は「光の泉」を一部でも買うことは難しかったが、このような愛行の決意をしたのは実にすばらしい。すると相愛会の役員になってくれと頼まれるようになった。当時もロムアルドさんの身体は大変衰弱していたが、快くそれを引き受けた。多くの人は病を癒《いや》す目的や、現世利益をうけるために信仰するが、彼の場合はもはや余命短しと心をきめ、その間に人々や世界のために真理を普及したいという決意をしたのだから、真理に向かって身を挺《てい》したのである。つまり「与える心」を実行に移した。それも病弱のヒョロヒヨロの身体をもってである。「今立て」ということだ。

そこで彼はイビウーナの生長の家の練成道場に行き練成会に参加した。そして〝浄心行〟の時に過去の行状を振り返ってみた。九歳の時から父に対して抱いていた一切の恨みや悲しみを紙に書き写し、それを燃やしつつ聖経を読誦《どくじゅ》した。以前の父はアルコール中毒にかかり、病弱だった母に対していつも暴力をふるっていた。その父も既に他界していたので、ロムアルドさんは父の供養と和解の祈りを真剣に実行したのである。

すると次第に身体の具合が好くなって来た。それは彼の心の迷妄が去り、心が浄化され、それにつれて「神の子・人間」の実相が現れて来たからである。さらに日常生活では、潤滑油の販売店を行う元気も出て来た。十年前にはサン・マテウス相愛会の会長に任命されたのであった。

そのころ日本から本部講師がブラジル国を訪れ、サン・マテウス相愛会にも訪問したいという連絡を受けた。しかしそのための誌友会を行うのにはあまりにも会場が貧弱だと思った。そこで彼は幹部の皆さん方に呼びかけて、会館を改造することにしたが、資金が足りないのだ。しかし彼はすでに自分の持っているものは全て神に捧げるという決意をしていたので、まだローンの支払いが終っていない自動車を売り払うことにした。勿論《もちろん》資金を捻出《ねんしゅつ》するためだ。

しかしその車は、彼の毎日の仕事に必要な乗物であった。ところが不思議なことが起った。それまで全然取引がなかった潤滑油の問屋から、「是非《ぜひ》あなたに大量の製品を引き受けてもらいたい」という依頼が来た。さらに見知らぬ得意先が次々に現れてきたのである。こうしてカルバーリョさんは短期間のうちに、会館の改装に必要とする以上の利益を上げることが出来たのである。その日を境にして、彼は繁栄の道を快走しはじめた。彼の事業は発展し続け、現在ブラジル相愛会中央委員としても活躍中であり、家族や親戚の人々も地方講師や伝道員として活躍し、ロムアルドさん自身、病院に行かなくなってからはすでに九年以上になるという話であった。

真・善・美

現在の世界経済は株の乱高下が続き、ヘッジファンドの活動を何とか制限しようとする政策も考えられているが、ただ金儲けのみを目的とした経済活動はあまりにも不安定要因である。何故なら「神の国」にはドルもなく、円もなく、ポンドもEU通貨もないからである。何があるのかというと「真・善・美」がある。それは貨幣でもなく、商品券でもなく、株でもなく預金や利子でもない。従ってそれらの〝指標〟だけを増大させることをあせっていては、「真・善・美」のどれかを失ってしまうであろう。真の豊かさは、この三者が一体となった「神の国の平安」である。これを実現するためには、真理に従い、善をなし、美を大切にする心を失ってはならない。

しかもこれらを「外」に求めるのではなく「内」に求めることが肝要で、そのことを『甘露の法雨』の中で、次のように述べられている。

『されば地上の人間よ
心を尽して自己の霊なる本体を求めよ、
これを夢と妄想《もうぞう》との産物なる物質と肉体とに求むること勿《なか》れ。
キリストは
「神の国は汝らの内にあり」と云い給えり。
誠に誠にわれ汝らに告げん。

「汝らの内」とは汝ら「人間の自性《じしょう》」なり、「真の人間」なり。
「汝らの内」即ち「自性」は神人《しんじん》なるが故に
「汝らの内」にのみ神の国はあるなり……』

その「内」なる心はコトバでもあるから、これを神のコトバとして表現することから日々〝練習〟する必要がある。つまりウソを言わず、あざむかず、人をだまさないといった練習を積むことが大切である。かつて米大統領のクリントン氏は〝偽証罪〟を犯したとして国会で〝弾劾《だんがい》〟の審議に臨《のぞ》んだが、要するにこれもウソを言ったかどうかの問題である。大きなウソでも小さなウソから発生するのは、小さな卵から大きな生き物が生まれるのと同じである。

日本国内で有名だったカレー毒物混入事件でも、保険金という空虚な金銭をだまし盗るために、ウソに次ぐウソを積み重ねたらしいことが判明してきている。ごく初期の段階でそのウソをつかない習慣をつけておけば、彼も彼女も、たとえ豪邸に住めないにしても、安らかで愛ふかい生活を送り、〝正しく美しく生きる〟ことが出来たはずである。真・善・美の美とは、物質的外面的美しさのことではない。「内」なる美が自ずから現れる時、外形もまた美しく整うのは事実だが、必ずしもシワやシミが消えるということではないだろう。百歳になった老人にそれを求める愚か者はいない。しかしながら「内」なる美は、百歳でも二百歳でも、時間を超え空間を超えて永続し、人がこの一時的な地球学校の人生を終ると、次のより高い人生学校に入学するのである。これが〝肉体の死〟の真相であるから、何一つ恐れることはない。物質としての金銭や家屋敷を、あふれる程かきあつめていても、それらを捨てて、全ての人はあの世に旅立って行く。つまり「人生学校」を卒業して、次生《じしょう》・後生《ごしょう》に移って行くということである。即ち「真・善・美」は「外」にあるのではなく、すでにわが「内」にあり、ありがたきかな——ということにならざるを得ないのである。

＊栄える会＝「生長の家栄える会」の略称。生長の家の経済人で組織するグループ。
＊ポルトガル語の「光の泉」＝生長の家ブラジル伝道本部発行の「フォンテ・デ・ルース」という月刊誌のこと。

二　大切な心の料理

健康になるには

最近は男性も女性と同じように、台所に入って食事を作ったり、お皿を洗ったりするようになったが、少し以前までの台所は、女性専用の仕事場のようであった。しかし昔から料理屋や寿司店などの、板前さんは男性だったから、料理すること自体に男女差があったとは考えられない。というのは人間にとって「食生活」がとても大切な「生きる仕事」であり、健康を維持する基本となる作業だからである。

ことに近ごろは続々と難病の種類が発見され、これらを治療する方法もまだ充分発達したとは言えない。ただ病気の発見法や検診、そして手術などは大いに進歩した。けれども病気治療の根本は、何と言っても「病気に罹《かか》らぬこと」であり、そのためには永い間の食生活による「健康作り」が大切で、それには先ず心の安定と、次いで栄養バランスの維持と、適度の運動量とが必要である。

第一の心の安定がなければ、どんな栄養物を摂《と》っても、それを消化吸収することが出来なくなることは明らかで、夫婦喧嘩や親子のイガミ合いの中での食事は、まずくて仕方がないだろう。明るく、楽しい、和顔《わがん》・愛語《あいご》・讃嘆《さんたん》の食卓が何よりの〝舞台装置〟であり、その主役をつとめるのは主婦であり、そこへ登場する料理の作り手も、家庭ではまだ女性が主流である。運動量の方も、夫をごろ寝ばかりさせて〝運動不足〟にし、ブクブクに肥大させるようなことでは、早死にさせるばかりであるから、心ある奥さん方は、夫の〝給料〟の心配ばかりではなく、通勤状態や運動量にも関心を示し、やたらに遠方から通勤させる「マイホーム建設」や「マイカーの確保」ばかりに専念しない方が賢明であろう。

かつてある会合で農家の若い奥さんが、「うちの夫は忙しいのに、田圃《たんぼ》ばかり増やしたがって困ります」と訴えていたが、怠《なま》け者の夫がバクチに手を出して困るというのなら話が分かるが、「よく働く」というのだから、こんな結構な話はない。運動量の方にも不足のない〝恵まれた御夫婦だ〟という判定を下したのであった。

何事によらず、人間の幸福は、自分で自分に満足すると共に、家族や他の人々に満足を与えるという内外両面のサービスをしなくては得られないものである。相手の立場になって、考えかつ愛を与えるという心構えが大切だ。平成八年の三月二日朝のNHK第一放送の〝人生読本〟で、辰巳《たつみ》芳子さん(大正十三年生まれ)という料理研究家が、その料理哲学を述べておられたが、大略次のような話であった。

材料を生かすこと

辰巳さんが料理の道を極《きわ》めてよかったと思うのは、自分にとってよかったことと、他の人に対しても良かったと思う二点だという。第一の自分にとっての利点は、禅の修行道場でも〝典座《てんぞ》〟という料理係がきめられているように、食材《しょくざい》の望む所に従って調理をすることが大切である。だから大根ならば大根の性《しょう》に沿《そ》って炊事をしないといけない。これを繰り返しやっていると、人間の我《が》が抜けて来る。本当に料理をやった人はこの点を心得ているはずである。それが人間にとってとても有難いことであり、物に導かれ、育てられるということではないだろうか。

第二点の他人《ひと》さまについて、彼女はジョエル・ロブションというフランス料理通の紹介をしておられた。彼は〝世紀の料理人〟と称讃《しょうさん》された人で、辰巳さんが彼と対談した時、

「あなたにとって料理とは何ですか」

と聞いたところロブションは、

「料理とは、人を喜ばせることです。料理とは〝愛の技《わざ》〟なんです」

と答えた。彼の祖母は九十二歳まで台所に立ち、いつもニコニコして炊事をしていた。彼女はこうして最後まで人のために料理を作って喜ばせたと、ロブションは料理人になった時思い出したという。

さらに辰巳さん自身も、八年間半身不随《ふずい》の父の看護をしたが、父は彼女の作ったスープをいつも安心して、喜んで飲んでくれた。スープの中には凡《あら》ゆる栄養素を入れて、良い味に整えるように努めた。だから作る方も飲む方も喜びにみたされ、料理をやっていてとても良かったと思ったという話であった。

「自分のいのちは自分のものであって、自分のものでない。そのいのちをよく分かって来

ないと、自分のために食事が整えられないのです」

と話しておられたのである。これはまことに含蓄《がんちく》に富んだ内容であり、「自他一如《じたいちによ》」の真理が料理の道を通して語られていたようであった。ことに料理の材料の性《さが》を生かして炊事するということは、大変大切な心構えで、ただ味や見てくれを立派にするというだけで満足していると、いつの間にか〝我《が》の塊の料理〟が出来上がり、人様に食べてもらっても、我《が》の押しつけになったりすることもあるだろう。

それでは折角《せつかく》時間を掛けて材料を煮炊きしても、本当の味が死んでしまい、材料の個性が生きて来ず、家族の人々もそんな料理や外食を永年食べ続けていると、いつしか栄養のバランスを崩《くず》し、色々の病気を誘発するという結果になるのである。

しかも料理には、作る人の心がこもるから、ニコニコしながら愛念をこめて作るか、コンチクショウと思いながら作るかで、大変な相違が出てくる。心は物に現れ、その物がやがて心に影響を及ぼす。この食事を多くの人が、ニコヤカに、愛念を込めて、食材の性を生かしながら作り、与え、その食事の後始末までする〝行〟を行うという事実が積み重なると、その人の運命は必ず好転し、寿命ものび、さらに善業《ぜんごう》を残しつつ有意義な生涯を終え、次生《じしょう》にも幸せが約束されるということになるのである。

嘘やかくし事は苦しい

こうして人は食事という作法を通して、我《が》をとり去り、愛を与えて行くのであるが、それと同じく、心にも魂のよき糧《かて》を供し続けることが肝要である。自己の魂にも、亦《また》他己の魂にも真理の言《ことば》を供養して行くことが大切で、自己を向上させ、かつ他己を向上させ、我を去り、大我を現成させて行くのである。福岡県飯塚市大字相田《あいだ》に住んでおられる石松ヱツ子さん(昭和十二年五月生まれ)の例を紹介すると、御主人の友喜さんは建設業をやっておられたが、約十年前に胃癌の手術を受けた。八時間の手術で、胃の約三分の二を切りとり、四ヵ月入院を続けて退院することが出来た。しかしそれからが大変だった。夫婦二人の家族だから、奥さん一人で夫の面倒を見た。すると気のまぎらわせ様がない。しかも夫には病名を知らせていなかった。これは伝えた方がよいのであって、隠しておくとその気苦労は大変なものだ。夫婦の間では「隠しごと」などうまく行く筈《はず》はない。ことに〝病名〟を聞かれると、うその病名を伝えることになるか、知っていても知らぬと白ばくれるかするだろう。それは夫婦一体の気持を大きくくつがえす。さらに嘘や隠しごとが〝善果〟を生むことはありえない。ドングリの種子から桃の実を得ようとするようなものだからだ。人によると「夫が事実を知ってガッカリするといけないから」という理屈を言うが、かえって事実を知り、今までの生活態度をあらため、食事や妻に感謝し、正しい信仰を持ち、たくましく生きようと決意するかも知れないのである。

「いえ、とんでもない。うちの夫は、そんな人ではありません」

と言うのなら、よほど夫を軽蔑した考えで、その奥さんの信念は、夫に悪影響を及ぼし、まるで毎日「心のこもらぬ食事」を与えているようなサービスになるからだ。ことに癌に対しては有効な薬がなく、ただ本人の〝自然治癒《ちゆ》力〟という「生きる力」が湧《わ》き出るかどうかが決め手になるからだ。手術後の再発や転移をふせぐ力も、これ以外にはあり得ないのである。

ヱツ子さんの場合も、夫の癌の再発が恐ろしく、彼女一人でその苦しみと恐怖に堪《た》えていた。だから毎日夫の顔色ばかりを見て暮らした。すると夫もそれに気がついて、妻の顔色を見ては不安そうであった。こうしてお互いが暗い気持に落ち込んで行き、ついにヱツ

子さんはノイローゼ気味になり、食事の味がなくなった。けれども夫の前では元気にふるまおうと思い、

「さっきつまみ食いしたから、ご飯が入らんわ……」

というような嘘やごまかしを言うようになった。又仕方なく、お茶をかけてシャブシャブッと、おいしそうに呑《の》み込んだ。夜は夜で中々《なかなか》眠られない。一そのこと記憶喪失《そうしつ》になったら楽だろうと思ったが、中々そうも行かないのでとても苦しい。とにかく、何かにすがりたい思いだ。一人では嘘やかくし事の重圧に堪えることが出来ない。だから人によってはアルコールや暴走や麻薬に走ったりするのである。

『生命の實相』

こんなにして切羽《せっぱ》詰まった時、エツ子さんはフト思いついた。それは『生命の實相《じっそう》』という本のことだ。かつて姉さんから数冊の『生命の實相』をもらったことがあった。その後自分で買った『生命の實相』も数冊あった。題名が気に入ったから買ったのだが、まだ少しも読んではいない。そこでこの時彼女は、読んでみようと思いついたので、第一巻と

第二巻とを二日間で読んでしまった。

しかしまだ納得して読んだのではない。目が文字の上を這《は》って行くだけの読み方だった。しかし「言葉の力」は偉大なもので、二日目の朝の十時ごろ、第二巻を読み終え、ボーッと放心状態になっていると、その時不思議な声が聞えて来たのである。

「難しく考えるな。ただ神の子だ！」

という力強い男性の幅のある声が響《ひび》いたような気がした。すると彼女のお腹の底から、不思議な悦《よろこ》びがこみ上げて来た。と同時に周辺が黄金色に光り輝いて、嬉しくて楽しくてたまらなくなったのである。

「あー、そうだ、神の子だったんだ！」

と直感した。その日の朝、夫は背中を落として淋《さび》しそうに出掛けて行った。ところがその日のお昼に帰って来た夫はとても元気よく、

「腹が減った、腹が減った」

と玄関をあけて入った。それまでエツ子さんは、本を読んだことも、『生命の實相』の内容も、何一つ話をしていなかったのに、妻の心が一変すると、夫の気持や腹具合いも変

わったのである。このように夫婦の心は直通する。だから嘘をついても、隠し事をしてもそれが通じるし、相手を「つまらぬ夫」と思うか「すてきな人」と思うかもツーツーなのである。

このようにして石松さん夫婦の生活にも明るさが見えたが、これはまだ頓得《とんとく》の悟りであるから、長続きしない。やがてヱツ子さんの読書はいつの間にかストップして、七、八年の歳月が流れ去ったのである。平成五年、六年となると不況の波が襲《おそ》いかかった。「真理の言葉」が流れ入って来ない生活には、俗世間の言葉の方だけが侵入して、日々の気分を暗くする。

夫は建設業をしておられたので、工事はしても、その代金が入って来ない。さらに工事の件数も減って来るから大変で、夫の顔色も次第におかしくなって来た。さらに身体も痩《や》せて来て、夫婦関係も他人と同様だ。口を開けば喧嘩になる。暗い、争いの言葉は、夫婦の日常生活をかき乱し、どうにもならぬ苦しさであった。

そうこうしている間にヱツ子さんは生長の家のことを思い出し、新飯塚に住んでおられる松本講師に相談することにした。平成六年の六月末、色々と今までのいきさつを話し、相談したところ、松本講師は「練成会に行きなさい」と勧めて下さった。「七月一日から総本山で始まるから、出来たら二人でお行きなさい。もしどうしても御主人がいやとおっしゃるなら、あなた一人でも行くんですよ。私も御主人が行かれるように祈りますから、とにかく帰って話してごらんなさい」

うんとおう

そこでヱツ子さんは、その夜夫に話してみようと思ったが、その日夫は遅くまでお酒を飲んでいたので、どうしても言い出せなかった。仕方なく次の日のあさ、お食事をしている間に、「練成に行きませんか」と切り出した。すると「うん」と一言答えた。不思議に〝練成〟という言葉が夫に通じたのである。だから、何一つ質問もされない。「ワー、行くんだ」と思うと、躍《おど》り上がる気持だった。早速《さっそく》松本講師に電話して、

「先生、行くと言いましたよ！」

と報告した。しかし「うん」という一言だけしか聞いていないから、あまりにも〝無言〟に近くて心配だった。そこで夜になって、

「お父さん、準備しますが、いいでしょうか」

と聞いてみた。すると、

「おう」

と、これも一言が返って来た。日本男性のよく使う〝簡略語〟である。しかしこの「うん」と「おう」との値打ちによって、夫婦は七月一日から始まる第百八十一回の総本山の一般練成会に参加したのである。すると真理の言葉がふんだんに語られるから、大変な魂の栄養になるだろう。しかし福岡県の飯塚から総本山までは割合近いのだが、それがとても長い道中に感ぜられた。やっと受付にたどりつくと、ヱツ子さんは涙が流れた。神様の温かいふところに抱き取られたような気がしたからだ。

御主人はあまり感激してはおられない様子で、講話中は夫婦離れ離れに坐って聞いた。けれども日が経つにつれて、いつの間にか二人並んで話を聞いていたのは、講話の中味のすばらしさにちがいない。さらに最後になると、二人並んで一番前の席で聞いたのであった。御主人も見ちがえる程肥えて来たし、ヱツ子さんも笑いを取り戻し、帰りのバスの中は嬉しさで一杯《いっぱい》だった。帰宅してからの友喜さんは、今まで元旦に一回だけ仏壇に手を合わせるだけだったのが、毎日仏壇と神棚にお参りして、お水とご飯を供えるように変わられたのであった。

言葉をかける

こうして石松さんの生活は一変したが、平成七年にヱツ子さんは脳梗塞《こうそく》で倒れた。けれどもそれが契機となって、さらに先祖供養に精進《しょうじん》し、神癒祈願や神想観のおかげか短期間ですっかり全快し、家族一同明るい感謝の日々を送っておられるのである。この実例によっても、人々がどんな言葉を使い、どのような言葉を聞き、又読むかによって、全く現実の人生が書きかえられることが分かるであろう。

言葉が「無言」では有効に働かない。修行中の「無言」はともかくとして、むしろ誤解を招く場合もあり、時にはそれが相手に対する〝非礼〟と受けとられることもよくあることだ。平成八年三月十三日の『産経新聞』には、次のような投書がのせられていたので、参考にして頂きたい。

原田末子　46
（滋賀県石部町）

『私は慢性リューマチで、一級身体障害者です。発病間もないころ、つえにすがって病院に通っていました。そのとき周囲の人にじろじろと見られました。視線を上下させるだけでなく、振り返ったり、立ち止まったり。

今考えると、危なっかしい私の足どりを心配し、「転びはしまいか」と、皆さん気遣って下さっていたのでしょうね。

でも、見られる立場になれば、どうでしょうか。決して恥じることではありませんが、病気で折れ曲がった体で、足をひきずって歩いているのを、ずっと見つめられていると、耐えられない気持ちになるのです。見つめている方の〝思いやり〟に心する余裕などはなく、逆に心が凍り、顔が硬直していく思いがしました。

「転びはしないか、大丈夫だろうか」と思ったら、近付いてそれを声にしてほしいのです。そして「何かお手伝いしましょうか」というお気持ちなら、それを伝えて下さればうれしく思います。（後略）』

三　自然法爾について

のんきな人たち

昔から「のんきな父さん」と呼ばれる人がいたし、今の世にもいるだろう。漢字では暢気と書いたり、呑気とも書くが、これらはみな当て字で、本当は〝暖気〟と書いてノンキと読んだのだそうだ。多分暖かい所で、のんびりした気分になった状態から出た言葉だろうが、四十二度以上の熱い湯に入っていると、あまりのんびりともしておれず、四十四度では固くなって、すぐ飛び出したくなるものである。

ところでのんきな人たちは、おおむね陽気で、明るくて、よい人だともいえるが、それだけでは何だか物足りないようだ。朝でも、ふとんの中でのんきに寝ていると、出勤時間におくれたり、昼間ものんびり休んでいると、約束の時間に遅れて、仕事の相手を怒らせたりすることもある。「のんきな父さん」と好一対の「のんきな母さん」がいて、冬になっても夏物しか出してくれないでも、困るのである。

しかし現実には、夫婦の間には「補足の原理」が働くから中々そうはならないものだ。「信仰生活の神示」(『新編聖光録』*二〇頁)には、次のように記されている。

『(前略)家庭は一つの有機体《ゆうきたい》であるから、良人《おっと》が明日《あす》の用意をしないときには妻が明日《あす》の用意をするようになる。妻が明日の用意をしないときには良人が明日の用意をする。右の手が利《き》かなくなったら左の手が利くように成るのも同じことだ。それは自然の代償作用《だいしょうさよう》でそう成るように計《はか》らいがあるのである。それは有難い自然の計らいであるから、夫婦互いに感謝するが好《よ》い。信仰生活とは明日の用意をしない生活だと思って、明日の用意をする配偶《つれあい》を信仰がないと思って夫婦が争っている信仰深い家庭があれどもみんな誤った信仰である。「明日のことを思い煩《わずら》うな」と云《い》う意味は「明日の用意をするな」と云うことではない。信仰生活とは冬が来てから綿入《わたいれ》を縫《ぬ》えと云うような生活ではない。秋から冬に要《い》る綿入を縫うて置いても、それは「取越《とりこし》苦労」ではない。心が整えば秋から冬に要るものがちゃんと判《わか》って、自然法爾《ひとりで》に其《そ》の要る物を用意したくなるのである。自然法爾《ひとりで》と云うものは、外から自然に与えられることばかりではない、内から自然に催《もよお》して来るこころの中《うち》にも自然法爾《ひとりで》がある。』

ある依存症

ここに示されているように本当の信仰生活は、ただのんきに暮らすのではなく、そうかといって取越苦労をするのでもない。明るい心で、自然法爾（ひとりで）に暮らすのだが、とかくその「ひとりで」が間違えられて、アルコールや薬で悩み心を押さえ込んでしまおうとする人もいる。するとその悩みが、又別の悩みに変形してくるのだ。例えば、堺市百舌鳥《もず》西之《にしの》町に住んでおられる木本喜也《よしなり》さん(昭和二十九年六月生まれ)は、平成十一年五月十六日宇治の特別練成会で、次のような体験を話して下さった。

木本さんは平成十年七月三十一日の夜、母親に連れられ、タクシーでこの別格本山に運び込まれた。自分の足で歩いて来れない状態で、ひどいアルコール依存症に罹《かか》っていたからだ。もともとお酒が大好きではあったが、三年半前に離婚し、愛する子供と別れた寂しさから酒量がふえ、離婚の苦しみを酒でまぎらわそうとしたようである。

するとと当然のように身体がやられ、何度も入退院を繰り返した。アルコール専門の精神病院で診察をうけたところ、「一生治らない」と言われた。さらに平成十年の五月には心筋《しんきん》梗塞《こうそく》と急性腎不全《じんふぜん》、肺水腫《はいすいしゅ》、急性肝炎、急性膵炎《すいえん》を同時に発病して入院し、二日間生死の境《さかい》をさまよった。この入院中に会社も解雇された。そこで木本さんは家族もいないし、死にたいと思いだした。簡単に死ねるのは、やはり酒を飲み続けることだと考えたのは、あまり好ましい考えではなかった。

何故《なぜ》なら、人がこの世に生まれて来たのは、何か大切なことを学ぶためであり、ただ酒を飲んでそのまま死ねばよいというものではないからである。「そのままの心」を大切にするのだったら、もっと明るくて楽しい生き方があるはずであろう。

こうして酒びたりになっている木本さんの所に、近くに住んでいる母親と「生長の家」の地方講師の山中先生とが来られて、「宇治に行こう、宇治に行こう」とすすめるのだ。

「どうして静かに死なせてくれないんだ」

とわめいたりして反抗したが、平成十年七月三十一日には、このままでは死んでしまうというので、山中講師がタクシーを呼んで彼と母親を半ば〝強制的〟に宇治の道場に送り込んだ。

こうして三十一日に、道場の受け付けの前に坐《すわ》ったとたん、木本さんは何故かわからないが「これで救われる！」という強い直感のようなものを感じた。その理由は何か分からなかったが、これが「そのまま」であり、「ひとりで」だとも言えるのであろう。

幸いにして……

道場に来ると、彼は禁断症状がひどいため、個室に入れられた。苦しみながら一晩をすごすと、朝になってフト気付いた。枕許《まくらもと》に眼鏡を掛けた見知らぬ男の人が坐って、彼を拝んでいる。それは長田《ながた》講師という宇治別格本山の講師だった。しかし木本さんは何でも独断的に考えるタチで、人から拝まれるようなことは〝軽蔑《けいべつ》されている〟と受け取るような人だった。だがその朝は、何故か〝拝まれる〟ことに反発しなかった。隣室が「聖経の間《ま》」だったので、そこで多くの人が聖経を誦《あ》げている声が、まるで自分のためにお経を読んでいてくれているような感じがした。

そこで「参りました、降参しました」という気持になり、
「神様、好きなようにして下さい」
と全託《ぜんたく》する気持になったのである。その後も色々の講師さんから祈られたり、教えられたりしたが、「神の子・人間」「不死・不滅」の教えが分かるにつれて、どんどん健康を回復し、医学的な処置は何も受けなかったのに、やがて歩いて食事にも行けるようになったのである。

その後八月六日からは一般練成会が始まるというので、木本さんはそれにも参加するつもりで、着替えを取りに自宅に帰っていった。するとどうしたことか、またお酒が飲みたくなった。そこで飲んでしまったが、今までの彼なら、そのままズルズルと酒びたりになったかも知れない。しかし寝た切りの練成会だったけれども、「祈ること」の大切さが分かったので、とにかく合掌して、こう祈ったのだ。

「私は宇治で、本当にすばらしい、楽しいことをおぼえました。今からまた宇治に行くから、もうお酒なんかのむ必要はありません！」

このように断定して五分ほど祈ると、今までの飲みたいという気持が消えてしまった。

すると、酒屋の前を通っても、自動販売機の前を通っても、その祈りをすると、飲みたいという気持がなくなり、そのまま再び宇治の道場に来た。これはとても大切な点で、「酒をのみたい心」と「それを否定する心」とのどちらを選ぶかという選択権は、やはり自分の心にあるということである。

一ぺん飲んでしまったから、もうだめだと思って、その心に従ってしまうのが自然法爾（ひとりで）ではなく、「そのままの心」でもないのである。その迷い心を否定する本心こそが「そのまま」であり、「ひとりで」（自然法爾）であって、それは正しい祈り「神想観」を経験すると、ハッキリしてくるのである。こうして彼は、

「生まれてから今まで、一どもお酒をのんだことがない自分、これからも飲む必要がないのが本当の自分である。その自分に出会って、本当にうれしい」

と、本来の自己を礼拝することができるようになり、アルコール依存症から脱却したのだった。しかもそれきりで宇治の道場を去るというのではなく、〝幸いにして〟失業していたので、どこへ帰るという予定もなかった。離婚しているから一緒に住む家族もいない。そこで、

「これは、生長の家の真理を、もっと深く学びなさい」と、その時間と条件を与えて下さったのだと受け取った。そこで木本さんはついで宇治道場での研修生になり、毎日別格本山の中で学習と伝道の生活を送ったのである。するとそれまでは子供や別れた妻に会いたいと思って連絡しても、誰も会わせてはくれなかったのに、彼の心が変化し、「そのまま」の心が出てくるにつれて、執着の心が去った。そして適当な時には会えるのだ、それまでは幸せで健康にすごしてくれと祈っていると、平成十一年の一月には子供さんから年賀状がとどき、「今年の夏にお父さんと会いたい」と書いてあったというのである。

聖経一万巻

この実例のように、人は物質に支配され、それがなければ生きられないような「物の奴隷」ではなく、「環境の奴隷」でもない。常に主人公であり、神性《しんせい》・仏性《ぶつしょう》である。そのことを自覚するとき、真に「自然法爾」（ひとりで）に全てが整う人生を送ることができるのである。

さらに又次のような実例もある。東京都国分寺市光町に住む石川公直《きみなお》さん（大正十五年二月生まれ）は、平成十一年五月二十五日の総本山団体参拝練成会で、次のような話をして下さった。石川さんは昭和十五年頃、父が借りて来ていた生長の家の本を読んで生長の家に入信したが、あまり深くはなかったらしい。そこで一日に八十本から百二十本も煙草を吸い、毎日のようにクラブやキャバレーに通ってお酒を飲んでいた。

ところが昭和五十六年ごろ石川さんは、聖経一万巻の読誦《どくじゅ》を決意したのである。聖経をある日数の間に一万回読もうというのだ。これを実行しているうちに、三千巻近くにまでなった時、酒もタバコもやめることができた。それまではタバコにより舌も荒れ、口もガサガサになっていたが、それがすっかり癒《いや》された。さらに酒もマージャンもやめた。以前は大好きなマージャンをする時はタバコ二百本入りのものを持って行って、吸いまくっていたが、これもやまった。酒も「仕事のためだ」などといって、毎日のようにクラブやキャバレーに通い、午前さまで家に帰って、また晩酌をするという習慣も、ピッタリと止まったのである。

私が石川さんに、どういうキッカケで酒とタバコをやめたのかと聞いたところ、酒を飲むとムダな時間がかかるので、本を読んだり、光明化運動をすることが出来なくなるからだし、マージャンも精神衛生上よくないと思ったから聖経読誦一万回を決意したと話しておられた。現在(平成十一年)石川さんは七十三歳だから、相愛会などの役職はなくなったが、すでに地方講師であり、団参などの参加促進にも活躍しておられるが、昭和五十七年の団参でこんな事もあったそうだ。

ある日の献労の時間の直前に大雨になった。当時は東京第二教区の参加する団参だったので、予定を変更して、東京第二の教化部長の講話の時間となったのである。そこで石川さんは事務局長と共に教化部長の真ん前に坐って、大いに拍手をして〝応援〟した。ところが三列目ぐらいに坐った女性が、急に喘息《ぜんそく》の発作《ほっさ》を起して咳《せ》き込みはじめたのである。しかも次第に発作が激しくなる。その咳が演壇のマイクに入って、会場内にも響くのだった。

そこで石川さんは思わず、「ひとりでに」その女性の背後に回って、瞑目《めいもく》正座合掌して祈った。すると忽《たちま》ち発作のピッチが緩《ゆる》やかになり、やがて静まったので、教化部長の講話も何事もなく進められたのである。

このような自然法爾は、そこに人の本心が表出される「ひとりで」であり「そのまま」でもあるから、神意にかなう行動となり、愛念のこもった祈りとなる。そうではなくて、本心から外れ、そのまま眠りこんだとか、ひとりでにアクビが出たなどというのは、自然法爾とは言い難《がた》い怠慢であり、いくらのんびりと、安らかに眠っていても、「人《にん》・時《じ》・処《しょ》の三相応《そうおう》」になっていなければ、生長の家でおすすめする状態とはちがうのだ。

自然に思いつく

さてこのような石川さんの行動によって、その女性の喘息はおさまったが、当時石川さんは「この喘息は大したものではなかったのかしら」と思っていた。ところがあとでこの女性から聞くと、今まで彼女は喘息がひどくて専業に就《つ》くことが出来なかった。ところがこの時を機会にして、すっかり健康体となり、自動車の運転免許証を取得し、熊本県免田《めんだ》町の農協関係の仕事につくことが出来たといって、石川さんに上等のメロンを送って下さったという話だ。

「そこで大神様の代わりに、食べさせて頂きました。大神様、ありがとうございます」

と石川さんは話しておられたのである。さらに又平成十一年五月の団参についても、「ひとりでに」よくなったような話をしておられたが、五月十五、六日までくらいには、平年ならば団参の参加者目標数ぐらいには達しているはずだった。ところが今回は半分くらいしか進んでいない。その理由としては、今年は役員改選の年で、相白青*は勿論、教化部長までも新しい人に交替したからであった。

しかし教区全体としては、この目標を達成して、毎年団参の目標達成を二十回も連続して来た当教区の伝統を維持したい――という思いが役員全ての思いだった。ところがあと十日間で、半数の人々を追加するのは困難と思うかも知れないが、新しく着任した佐藤教化部長は、ひょっこりと、

「僕が運転手になって、幹部の皆さんをおのせして、どこでもいいから、僕の車に乗って、家庭訪問でも何でも、やろうじゃないですか」

と提案された。そこで忽《たちま》ちこのような団参の推進をはじめたところ、たった十日くらいのうちに、目標以上の確定者が出て来て目標を達成したという話をされたのである。

このような自然法爾（ひとりで）について、同神示には続いて次のように示されている

のである。

『……心が乱れて病気になったとき心が調《ととの》えばその病気を治すに適当な食物《しょくもつ》が欲しくなるのも自然法爾《ひとりで》である。野の鳥も卵を産む前に自然に巣を造りたくなる。卵を産む前に巣を造っても小鳥は取越苦労をしているのではない。「生長の家」の生活は物質に捉《とら》われない生活だと言っても、物質をきたながる生活ではない。金銭を穢《きたな》いもののように思ってそれを捨てねば気が安まらぬような心も物質に捉われているのである。物質は影であるから綺《き》麗《れい》も穢いもない。卵を産む前に小鳥が巣を造りたくなるように自然に用意したくなる時には内からの囁《ささや》きに導かれて好《よ》い、心が調えばその心の展開として用意すべきものは適当の時に用意したくなる。すべて用意するものを信仰浅きものと思うな。用意しないで取越苦労をしている生活もあれば、取越苦労をしないで自然に用意している生活もある。（昭和六年十二月五日神示）』

＊『新編聖光録』＝全神示を冒頭に、神想観や浄心行、誦行などの行法の全てを網羅。信徒の心得べき要目

一切を手軽な文庫判におさめた生長の家信徒必携の書。（谷口清超監修、生長の家本部編）

＊相白青＝生長の家相愛会、同白鳩会、同青年会の三つの組織のこと。

第4部

光と闇のどちらを見るか

一　明るく生きよう

現象はナイ

このごろの日本人女性は、世界でもっとも長生きすると言われるようになった。これは大変おめでたいことで、早死にする人たちよりは「恵まれている」と言えるであろう。こうなると多くの男性よりも長く生きられるから、どうしてもご主人が死去されても、奥さんが〝未亡人〟として残るということになりやすい。未亡人という言葉は、「まだ死んでいない人」という意味のいやな言葉だと言う人もいるが、それならば昔から使われている〝寡《やもめ》〟とか〝寡婦《かふ》〟〝後家《ごけ》さん〟の方が好きかというと、そうでもないらしい。

しかし以上の如く未亡人に代わる沢山《たくさん》の言葉があるように、女性はたくましい生命力を発揮していたということが歴史的事実だったのである。ちなみに英語では、単語としてwidowという言葉があるくらいである。

ところで死を意味したり、逆暗示するような言葉がどうして好まれないのかというと、その根本は「人間は死なないもの」だからである。病気が嫌われるのも、人間は病気をしない、健康なのが本来の姿だからである。つまり人はみな「本当の自分」が「不死であり、不滅である」ことを知っているのだ。その「本当の姿」即《すなわ》ち「実相」が現れていない状態は、みな嫌なのである。

そこでこの「嫌なこと」を全部なくしてしまえば幸せになるのだが、幸いなことに、「実相」だけあって、他の現象（生・老・病・死）は何もナイというのが、生長の家で説く根本である。つまり「現象無し」である。吾々が目に見ているこの肉体人間の様々な不完全は、どんなにあるように見えていても、本当はナイノダという大宣言なのである。

「ないのに、なぜ見えるか」

ときく人もいるだろうが、それはテレビを見ればわかるはずだ。ラジオを聞いても分かるだろう。アナウンサーが、いくら目の前に見えていて、美声でしゃべっていても、そのアナさんはそこには「いない」のである。吾々が見たり聞いたりしているのはブラウン管の上に映し出された〝影〟即ち〝映像〟であって、声もまた作られた電子音である。だから、電流が切れてしまうと、全てがパッと消え去ってしまうこと、あたかも夢の中で見たマンジュウの如し――ということになる。

自分で筋書きを書く

その上全ての影や映像は「不完全」であることも知っておく必要がある。さらに又吾々の肉体も、本物の「死なないいのち」ではなく、必ず百年くらいで死ぬのだ。それは肉眼というカメラで撮ったり、耳という録音機で収録した〝影〟であり、本物のいのち即ち「実相人間」ではないからである。

そこで、私たちは何一つ肉体の「死」を恐れる必要はない。それは将来肉体的には必ず現れてくる現象ではあるが、映像なのだ。つまりテレビ・ドラマの終りが来たようなものである。しかもそのドラマの主人公が自分であった――という訳である。もしご夫婦や子供や親ごさんが死なれたとしても、それもまたドラマの終りだ、あるいはドラマの中の筋書きだったということになるのである。

さらに幸いなことに、この人生ドラマは永久に続くのである。それはテレビ・ドラマが一応終っても、さらに次のドラマが作られて放映されるようなものだ。何故なら死なないいのちが本当の吾々自身だから、色々の作品を作って、ずっと永い間いつまでも楽しむのである。吾々が映画や劇やテレビ・ドラマを見るのは、それが「好き」だから、面白いからに違いない。そのように「人生ドラマ」は面白いのである。たとえ悲劇のようでも、本当は面白い。しかもタダでその筋書きを自分で作る（心で作る）のだから、「面白い」の三乗くらいの面白さがある。

この事実を知るならば、人は死を恐れなくなるだろう。お墓の話でも、四がつく月でも、こわがらなくなる。未亡人なんてなんのその、お墓の作り方でもクヨクヨしなくなる。すると生命力がもりもりと出て来て、子供や夫の「生き通し」も分かってくるし、呼べばこたえる、祈れば通ずるのだと分かるのである。

宗教というものは、本当はこの「面白さ」を伝えるのであって、いわば人生テレビ番組の紹介役のようなものだ。いたずらに「死」を本物だなどといって、おどしたり、終末を予言したりするものではない。人間の心を解放し、死なないいのちのすばらしさ、楽しさ、面白さを伝えるものである。「神様がバチを当てる」とか「仏のバチでこうなった」などというのもおかしい。神様・仏様は本当のいのち、完全無欠のいのちであるから、人をおどしたり、バチを当てて人々をいじめたりするお方ではない。ただバチが当たったように見える人生ドラマが出てくるのは、自分で悪いことをしたと思って、〝自己処罰〟するからである。自分で作った筋書きなのだから、その筋書きをかえて、

「これで一切がよくなる。これからますます楽しい人生が始まる」

と思い、そのような筋書きを書けばよいだけのことだ。

死ぬまでに何をするか

さて青森市北金沢二丁目に髙橋幸枝《ゆきえ》さん（昭和三年二月生まれ）という奥さんが住んでおられるが、平成十年十月十七日に、総本山での団体参拝練成会で、こんな話をされたことがある。幸枝さんのご主人は嘉平さんといって、独身時代に鎌倉に住んでおられて肋膜炎にかかったことがあった。するとその頃鎌倉で谷口雅春大聖師*の三日間の講習会が行われた

ので、その集会に出席された。そして嘉平さんは今まで自分が父を恨んでいたことに気付き、父に感謝する心に変わってしまったのである。その結果彼の肋膜炎は癒《いや》されて元気になった。これは「父を恨む」という心によって作り描いた〝自己処罰〟の病気が、それ以来心が感謝に変わったので、消え去ったのである。

こうした現象の変化は男でも女でも共通していえるのだが、人が父や母を恨んでいると「幸福や健康」は出て来にくいものである。というのはこの肉体は全て父母からのプレゼントのようなものだから、その贈り主を恨んでいたのでは、プレゼントなんか叩き捨てたいと思うであろう。つまり「ありがたい」の代わりに「にくらしい」では、自分のもらったプレゼントは破壊したり捨てたり（死ぬこと）したくなるものだ。そうした人生映画が自然に作られてくる。だから決して神様がバチを当てたのではないと言わなければならない。

こうして嘉平さんは生長の家を熱心にやるようになり、幸枝さんというすばらしい奥さんをもらい夫婦そろって信仰し、十年目くらいに虫歯を抜いたのだ。ところがその跡の歯ぐきの所が肉腫となり、当時は青森に住んでいたので青森県立中央病院に入院した。けれどもそれが次第に悪化し、痛みがひどくなり、五ヵ月たつころに余命いくばくもないと言われてしまった。するとその時、嘉平さんは「飛田給の練成道場」へ行きたいと言い出した。そこで幸枝さんは夫をつれて飛田給の練成道場に行った。当時も私が参加した練成会では、〝質疑応答〟の時間があったので、その時間に嘉平さんが手をあげて質問した。

「私は今日で（練成）五日目になりますが、痛みは全然とれておりません。もし私がこれまでの命だとしたら、これから先、どのような気持で生活したら、残された家族を守れますか」

　すると私が、大体次のように答えたそうだ。

「あなたがこの地上を去る時には、天地一切のものに和解しなさい。そうでないと、ただ家族を守るというだけでは、うまく守れませんね」

　これはどのような人の死についても言えることだが、この地上の生活を去るのが肉体の死であるから、誰でも体験する。しかし本当のいのちは生き通しているのである。その生き通しのいのちは誰にもある実相のいのちだ。このいのちは、自分の家族だけを守るというちっぽけないのちではなく、全ての生きとし生ける者と本来一体のいのちであり、智慧と愛と調和の心そのものなのである。この実相をできるだけ現そうとして今ここに現象生活を展開しているのだから、この次の生れ変りの人生に行っても、同じことが言えるのである。より一層の「真・善・美」つまり智慧と愛と調和の心を現し出さなくてはならない。そのためにはこの世にいる今のうちから、ご臨終にいたるまで、「天地一切のものに感謝し和解する」ところの練習をしないといけない。すると当然の如く「家族を守る」という愛念も満たされることになるのだが、〝家族だけを守る〟という心に限られていると、それは守り切れないことになる。何故なら、この世の死とは、この人生から卒業することだからである。

卒業生は、いくら後に心を残して後輩を守ってやろうと思っても、それは不可能だろう。時々教えに来たり、忠告するくらいの〝守り方〟はできるが、やはり一人一人の人生は、夫々《それぞれ》の人間が主人公であって、父や母は（生きていても死んでいても）守り切れないのが現実人生だからである。

子供を守るには

そこでとにかく死を迎えるまでに、真理をより深く自覚し、天地一切のものに感謝し和解するという、人生最大の課題を実行し、あとに執着の念を残さないようにして、大往生をとげられるのがよろしい――という意味を伝えたのであった。すると嘉平さんは、

「ハイ、分かりました」

と答え、合掌して席に座られた。幸枝さんはその時のご主人の姿と私の姿とを、深く心に刻みつけたという。それから二ヵ月間嘉平さんと幸枝さんご夫婦は一心にみ教えの実践と感謝行につとめられた。当時六歳と八歳との女の子がいた嘉平さんは、ご臨終が近づくとその二人に紙と鉛筆を持たせて、

「今、お父さんの言うことを紙に書くんだよ」

と言い、

「これからはお母さんの言うことをよく聞いて大きくなりなさい。そしてよその人がお父さんと一緒に歩いているのを見ても、〝どうしてお父さんは死んだのか〟などと思って、恨まないでくれ。そしてお金がなくなったら、家を売ってもよい、二人で仲よく暮らしなさい。お父さんは生きてはもう守れない。死んでもお父さんは、二人を必ず守るから……」

と言い残して、安らかに霊界に旅立って行かれたということであった。

すると嘉平さんの死後には、遺族年金がわずか四日のちがいでもらえることになり、東北電力からの退職金も一日ちがいで休職にはならずに現職のままでもらえるということになった。さらに娘さん二人は嘉平さんの希望された通りに、生長の家の生高連*で活躍し、奨学金がもらえて大学まで進み、長女さんは県庁に勤めて結婚し二女の母となり、次女さんは札幌の小学校の先生となって、幸せな生活を送っておられるということであった。幸枝さん自身も定年まで白鳩会の支部長さんとして活躍されて、愛行と感謝の生活を送っておられるのである。

コトバの力を使う

このように誰でもが経験する地上生活の死は、それまでの生活の正しさや愛の深さ、何をどう信ずるかによって、後に残された方々の幸福にも連結して行くものであるから、いたずらに夫や親の死を、くやしがったり恨んだりすることは、かえって未亡人や家族の方々を不幸にするものである。

さらに同日の団体参拝練成会で、北海道亀田郡七飯《ななえ》町大川に住んでおられる山本裕子《ひろこ》さん（昭和十二年五月生まれ）は次のような体験を話して下さった。彼女は佐藤としをさんというお母さんから生長の家を伝えられた〝生長の家二世〟であり、十七歳で入信した。その後五十歳になるまでは外部に向かっての活動をしなかったが、信仰は継続しておられ、幸せな生活を送っていた。

しかしそのうちに「先祖供養」や「中心帰一」の大切さを学ぶにつれて、次第に信仰を深めたが、五十歳になった時にご主人が昇天された。すると裕子さんはその半年後から白鳩会連合会の支部長会議に出席しはじめ、外に向かっての布教活動に熱心になったのである。

さらに又彼女は目の前に現れることは全て自分に解決可能なことであるという強い信念を持ち、白鳩会連合会からは青少年育成を担当させられ、その他色々の活動を快《こころよ》く素直に引きうけたのである。これも受け、あれも受けとやっているうちに、白鳩会連合会の副会長兼事務局長という役職につくようになった。

こうしてその役を一心にやっているうちに、お役を頂くことは実にすばらしいと気がついた。しかもその立場になると「神想観」もまた大いに進歩してきて、さらに神の子の自覚が深まり、自己讃嘆ができるようになったとおっしゃるのだ。

従って善いコトバや建設的なコトバを出すようになってきた。するとそれが周囲にも広がり、全てのことがうまく行くようになったのである。

裕子さんはやがて地方講師となり、初めて誌友会に出講したときにも、「コトバの力について」という話をした。ことに組織活動にはその結果が現れだし、講習会の推進中にはこんなことがあった。ある日の受講者数の報告日に、その数があまりにも少なかった。そこで事務局に貼り出した表の中の報告日に集まった数を書き入れる欄に、一週間後の目標数も書き入れることにした。つまり〝ぜひ必要と思う数〟を書き入れたのだ。

そしてその数の増加を見ながら、すばらしいと讃嘆し、「増えた、増えた、又ふえた……」などと称えて喜んでいた。すると当日、あらかじめ書き入れた数と同じ数になってしまったのである。それを見て、推進活動をした人たちは、驚き感動したのである。

裕子さんはこのようにして常によいことばかり、有難い、楽しい、というような積極的なコトバを使うようにして、未亡人となった後半生も楽しく明るく有意義に送り、人類光明化運動を続けておられるということであった。やがて平成十年の役員の改選期には、今度は白鳩会の方ではなく、地方講師会の副会長として活動することになったという話で、現在はまた白鳩会の連合会副会長と活躍しておられる。

即ち神の国は、完全円満、大調和、無限供給の実在界であるから、吾われのコトバもまたそのような明るく生き生きとしたコトバを使い、どのような境遇や環境に在っても、暗い運命や死や貧困を消し去る生活を展開されることを、心から念願する次第である。

＊谷口雅春大聖師＝生長の家創始者、昭和六十年満九十一歳で昇天。主著に『生命の實相』（頭注版・全四十巻）聖經『甘露の法雨』等がある。

＊生高連＝生長の家の高校生のグループである、生長の家高校生連盟の略称。

二　愛を与える人々

四無量心

人はみな深切な心を持っている。このごろは〝親切〟と書く人が多いが、昔は〝深切〟と書いた。深く切実に人の心の奥までとどくような心というので〝深切〟。〝親切〟では〝切〟の意味がハッキリしないが、いつの間にかこれが常用されるようになった。

ところで人の心の奥底には、みな「本心」がかくされている。これは善悪を知っている智慧であり、愛であり、仏教的に言うと慈悲である。これは仏心であるから、「四無量心」とも言って、四つの無量（無限）の功徳《くどく》を与える心である。即ち「慈・悲・喜・捨」の心であり、〝喜〟は人の喜びを共に喜ぶ心、〝捨〟は捨てる心、放つ心、一切の執着を捨てさる本心であり、これが仏心である。この〝捨〟徳にまで達して、はじめて深切が本物になるのだが、そこは「実相世界」であるから、全てが完璧《かんぺき》であり、「極楽浄土まさにここに在り」ということになる。

この本心を深く切り出すには、人生勉強という永い永い練成道場が用意されている。全ての人々はこの人生道場に入るべく生まれて来て、次第に深切をさらに深めて行くのだ。例えば平成十一年三月十四日に総本山の団体参拝練成会で、内山せいさん（昭和五年十月生まれ）という方はこんな話をして下さった。彼女は長野市の篠《しの》ノ井布施高田《いふせたかだ》という所で、〝一徳《いっとく》旅館〟という旅館を十七年間も経営しておられる独身女性である。

せいさんが旅館を始めたころは、お客さんもまばらだった。ある日春日さんという人が来られて、生長の家のお話を一杯聞かせて下さった。それが切っかけで、内山さんは誌友会をするようになった。そしてある日塚田つる講師さんが忠告をして、あなた毎朝起きたら、玄関にスリッパを沢山《たくさん》並べて、

「今日もお客さんを沢山ありがとうございます」

と心から祈りなさいね、と教えて下さった。そこで内山さんはこれを実行したのであ

る。するとそのうち篠ノ井の交通安全センターに自動車の免許を取りに来る人が沢山ふえてきた。そこでそのようなお客さんが来るたびに、せいさんは『白鳩』誌をさし上げて、

「これ、お守りだから、きっと受かるよ」

と明るく元気づけた。中には、

「おばさん、あのお守り、効かなかったよ」

といって帰るお客さんもいたが、そんな時も、

「柿だって赤くならなきゃ熟さないんだよ、明日は必ず大丈夫よ」

と言って、ポンと肩を叩いて上げていた。

節約するお客さん

ある日、中国人の人がセンターからたのまれて内山さんとこへ宿泊した。日本語が不自由で、十日たっても免許が取れなかったので、「父母に感謝しなさい」と教え、神想観をして上げた。すると翌日の午後おそくなって、免許が取れたと言って、泣いて喜んでくれた。

やがてオリンピックが始まることになり、そのための工事関係者が沢山泊まってくれた。せいさんはお客さんにはとても深切で、タダで洗濯をしてあげるし、宿泊料も二食つきで、とても安い。食事もおいしいので繁昌した。

さてオリンピックが始まると、各地からのお客はさらにふえた。お客さんが帰る時には、信州の名物や自家製の梅干などをお土産に持って行ってもらった。すると次に来る時には、お客の方からお菓子を買って来てくれたりした。そして、

「この家は心が通じ合って、家庭的で、とてもいいな」

とほめて下さる人も沢山いた。そんな時、せいさんは生長の家で「与えよ、さらば与えられん」と教えられたことを思い出して、全くホントウだと思うのだ。

オリンピックのヴォランティアの人も沢山泊まってくれた。北朝鮮や韓国、台湾の通訳の人も半分ぐらい泊まってくれた。

小さなチビた鉛筆で、広告の裏に何か書いて勉強している通訳さんたちがいた。そこで帰国する時にせいさんは彼らに鉛筆入れと色んな鉛筆を買ってお土産にした。するとお礼の手紙が一杯来たが、その中には「お洗濯ありがとう」とか、「牛乳をありがとう」とかと

いうお礼が書いてあったそうだ。

さらにせいさんは、このお客さんたちに感心したことは、ごみが少なかったこと、そして節約する人が多く、会場まで一駅百八十円の列車賃だったが、ほとんどの人が雪の中を歩いて通っておられたと話しておられた。聖火台の火が消えた時には、涙を流している関係者もいて、その姿にせいさんは感動したのだった。こうして彼女は平成十年度の講習会には、七十二名の人をお誘いしたということである。

このように、人種や国境を越えて、人々は深切な心に打たれ、与えたり、与え返したりする喜びにより、人間の本心を現す練習を繰り返して行き、慈悲の心や喜や捨の心も、次第に切実なものとなるのである。

脱出行

さて話は少し変わるが、藤原ていさんの書かれた『流れる星は生きている』という本（中公文庫）を読むと、藤原さん一家が、旧満州の新京市（ご主人が観象台につとめておられた）から内地に引き揚げて来るまでの、死に直面したようなご苦労な逃避行が書いてあった。その中で、北朝鮮の宣川《せんせん》にしばらく足止めさせられた時、子供さんの中の長男の正広君がジフテリヤにかかり、高熱と呼吸困難で今にも死にそうになった時のことを一つだけ引用すると、大体次のようだ。

ていさんは長男の正広君、次男の正彦君、長女で末っ子の咲子ちゃんの三人をかかえ、食糧不足と金銭不足、それに冬の寒さで母乳不足になやまされ、何とかして正広君を救おうと思った（ご主人はまだ満州に残っていた）。しかし医者にかかるには当時の金で千円かかるが、ロンジンの懐中時計を売っても二百五十円にしかならず、持ち金も少ない。病院へ行って、ジフテリヤの血清を注射してもらうにはどうしても千円はかかるのだ。

そこで最初ある病院に行ってみたが、その病院の女医さんが、「ここには今血清がない。教会の塔のある〝救世病院〟に行ってごらん」と助言されたので、それに従って、キリスト教の病院に行ってみた。診察室に通されると、テーブルの上には「日本語の医書とドイツ語の医書」が置かれていて、「白衣を着た若い医師」が坐っていた。そしてていさんの説明を聞くと、先ず聴診器で正広君を診察し、

「ジフテリヤですね、大分進んでいる、（のどの）奥に白い斑点が見える」

といい、すぐ助手に血清注射の用意をして下さいと命令した。ていさんは、

「あのちょっと、その血清はおいくらぐらいするのでしょうか」

ときいた。すると、

『医師は振り返って私の顔を探るように見つめていた。医師の顔が緊張から、静かに憐愍《れんびん》の顔に移っていくのを見てとって、私は正広を抱きしめて泣きくずれてしまった。』

とていさんは書いておられる。ていさんが泣きながら、千円のお金を持っていないことを告げても、医師は顔色を変えることなく血清を打ち終った。ていさんはロンジンの時計と三百円とを持って、全てのことを打ちあけて話したところ、この医師は、

「奥さん、千円下さいと誰がいいましたか」

ときくのだ。そして、

「私はまだ処置料を請求していませんよ」

と言う。そして彼はていさんからロンジンの時計をうけとると、

「あなたの御主人が持っておられたんですね」

「そうです、私と結婚する前から持っていたものです」

すると医師はていさんの夫の職業を聞き、観象台（気象台）にいたと答えると、医師はロンジンを耳元にもっていって、そのセコンドの音を聞き、

「私がこの時計を千円で戴《いただ》きます」

と言った。そして部屋にいる会計の人に何か朝鮮語で早口にいった。会計の人は納得行かないように振り向いたまま、眼を見張っている。

「僕が全部負担するっていっているんですよ」（一二六頁）

とハッキリ日本語でそういったのであった。こうして正広君はやっと一命をとりとめたのである。さらにそれと似たような、いやこれ以上の苦しい脱出行の話が一杯記されているのである。

このような与える愛、喜捨の心は、国境や民族をこえて、あらゆる人々の心の奥底に内在する本心である。このような心が人々の中にどれだけ湧出してくるか、そのための宗教や信仰がどれだけ広まって行くかが、理想郷的人生を招来するかどうかを決定する要《かなめ》になると言うことができるであろう。

お迎えが来るまで

さらに又、この三月十四日の団体参拝練成会では、内山さんに続いて鳥取市嶋《しま》一七五に住んでおられる徳田静江さん（昭和五年十月生まれ）が、次のような体験を話して下さった。彼女は昭和四十七年に癌の宣告をうけたのだ。芳博《よしひろ》さんというご主人の仕事の関係で、当時は宮城県の白石《しろいし》市に住んでいたが、片倉工業の社員の奥さん方と共に会社の社宅に住んでいて、ある日会社から人間ドックに入って精密検査を受けるようにとの通達があった。

静江さんにはそれまで何の症状もなかったので、楽しい気分で入院した。それから何日か経って、紹介状をもらい、次々と別の病院でさらにみてもらい、最後は東北大学医学部附属病院で診断され、「眼底乳頭腫瘍」という病気だと言われた。これは転移の早い癌で、すぐ脳に転移するから、「即刻入院手術を要する」と言われた。

その時すでに静江さんは生長の家に入信してから二十年も経っていたので、どうしても自分の肉体が病気だとは思えない。そこで、

「先生、手術って、どんなんですか？」

ときいた。するとドクターは、

「それは簡単なんですよ。目玉を取ればいいんですから」

というのだ。しかし静江さんは、それを神の声と聞いたというから実にすばらしい。というのはそれまで彼女は愛行をしなかったというわけではないが、いくら愛行して人にすすめてみても、かえって反感を持たれたりしたことがあった。実家へ行って生長の家を伝えると、六人の兄弟が全部反対する。その時のショックが大きくて、以来彼女の愛行は停滞していた。

ところが「癌」とか「目玉を取る」とか言われると、とたんにそれを神の啓示だと受けとって、今までの怠惰を懺悔《ざんげ》したのである。早速飛田給の本部練成道場へ駆け込んで、練成を受けた。先ず「神ハ愛也」と書かれた玄関の書に、抱きつきたいような感動を憶えた。以来徳田さんは、この世にいのちのある限り全力を愛行にそそぎ込もうと決心したのである。自分の死は十日あとか、百日あとか知らないが、そのお迎えが来るまで、いのちをかけて愛行しようと、生きることへの執着を捨て去ったのである。

癌の宣告

当時静江さんは白石市で大庭《おおば》美代講師のお世話になっていたので、飛田給から帰るとすぐ大庭さんから、

「間もなく講習会があるから、そこで体験談を発表して下さい」

と言われた。癌が治ったという体験ならやりやすいが、まだ癌の最中で、手術を要すると言われ、目玉を取ると言われて体験発表をするにはとても勇気がいる。しかし、自分にできないことをせよと言われることはない、ハイと素直にやりなさいと教わっていたので、思い切って発表することにした。

昭和四十七年ころの講習会は私が出席していたから、そのような話も聞いたはずである。静江さんの発表は、

「癌と告白されて、心を変えました」

という体験談だった。それ以来、何が何でも今までのような利己的信仰ではだめだ。無我になって、愛を行じよう。いのちのある限り愛行しよう、と不惜身命《ふしゃくしんみょう》の捨徳を行じたの

である。

「もうすぐ、神様がお迎え下さる。それまで何とか愛行をしよう」と思うと、うれしくて仕方がなかった。そこで入院することもなく、ご主人が定年退職をされるとすぐ、鳥取市に引っこし、素直な心で、愛行三昧を続けて行ったところ、いつしかさらに二十五年を経過して、平成九年十月になったのである。

その間、色々のことがあった。しかし何があっても「目玉を取られるよりはましだ」と思って、運動のことでもみなハイとお受けした。何があっても不動の信仰と思って生活し、白鳩会活動に献身しているうちに、自動車の運転免許を更新する時期になった。そこである日眼鏡を変えてみようと思い立ち、鳥取市の一番大きな大源《たいげん》眼科という所へ行って検査してもらったのである。

捨徳を行ずる

「この眼鏡を変えたいと思いますので、処方箋を書いて下さいませんか」

とおたのみすると、静江さんが何も前歴を話さなかったのに、その眼科では視力検査ばかりではなく、実にくわしく検査をしてくれて、沢山眼底の写真や何かをとり、部厚いカルテを作ってくれた。やがて「徳田さん」と呼ばれたので行ってみると、

「あなたは生き死にの眼の病気をしているが、それを知っていますか」

ときかれるのだ。

「ハイ、知っております」

とニコニコして答えた。

「じゃ、入院したかい？」

「いいえ」

「でも、薬ぐらいもらって飲んだだろうが……」

「いいえ」

と答えた。

「まあ、それはええけど、治っとるから、まあええけど、傷跡だけがちょっと残っているだけで、すっかり治っている」

と言われた。

東北大学病院の診断以来静江さんは、もはや眼底の癌を治そうと思ったのではなかった。ただこの世に生きている間は、無我になってハイを行じ、愛行一すじの生活を送ろうと、ただそれだけを念じつつ生活して来た。するといつとはなしに彼女の癌が癒《いや》されただけではなく、白鳩会の方でも、次々に幹部としてのお役が回って来たのである。

それを実に素直に一つ一つハイと受けて、一心に愛行につとめて来られたので、いつの間にか白鳩会の教区連合会長となられ、平成十三年十月より停年のため、教区連合会長を後進に譲られた。又地方講師でもあり、栄える会はもとより、普及誌や機関誌*を全部購読し愛行するすばらしい霊の選士となられたのである。まさに「捨徳」を行ぜられた人と言うことができるであろう。

*機関誌＝生長の家の会員向け月刊誌。「生長の家相愛会」「生長の家白鳩会」「生長の家青年会」の三誌がある。

三　こうして闇は消える

出血した

以上述べたようにこの世では、色々なできごとが起る。そしてそれが幸せだと思えたり、失敗だったと言われたりする。しかしどんな失敗でも、いつかそのことから幸せな状態が生まれてくるかも知れない。長い年月の間には、知らぬ間に播かれていた〝種子〟が、生えてくることが沢山《たくさん》あるからだ。けれども、播かれない〝種子〟が生えるということはない。だから善い種子を、つまり〝幸福の種子〟を播くことと、〝時の流れ〟をある期間待つことが大切である。

平成十一年六月十七日の総本山での団体参拝練成会では、徳島県海部《かいふ》郡由岐町《ゆきちょう》西由岐《ゆき》に住んでおられる都千さ子《みやこちさこ》さん（昭和十四年二月生まれ）が、こんな体験を話して下さったことがある。平成三年十月四日の朝、目がさめてから着がえをしていると、右の乳房から血が流れ出した。びっくりして、

「お母さん、おっぱいから血が出たよ」

というと、早く病院へ行って診てもらいなさいとすすめられた。けれども当時はまだ私（清超）が講習会に出講していたころで、十一月二十七日には徳島市で行われる予定だった。千さ子さんは昭和四十三年の入信で、白鳩会で活動され、すでに幹部となっておられた。だからもし病院へ行って診察の結果、即入院ということになったら困るな、と思ったのである。

そこで早速総本山に〝神癒祈願〟を申し込み、一切を神様におまかせしようと決心した。それは別に病院にはもう行かないということではないが、しばらく様子を見て、今は講習会の推進に全力をつくそうということで、神想観を行い神様に全托したのだ。やがてその講習会は多くの方々のご協力により成功裏に終った。しかも彼女の出血も、それ切り止まったのである。しばらくは、

「これで治ったのかな」

と思っていたが、ある朝起きてみると、右腕に何ヵ所か内出血した所ができている。変だなと思い、どこかにぶつかったのかと考えてもみたが、そんな憶えはない。そこで由岐町の井上医師の所へ行って診てもらった。すると、

「そりゃどこかへ当たったのよ。きっと十日もしたら治るよ」

といって、湿布薬を下さったので、そのまま帰ろうと思った。がフト思い出して、

「ところで先生、一ヵ月ほど前なんですが、右のおっぱいから出血しました」

というと、何？　といって少々あわてられ、顔色も変わったようだ。そこで、

「先生、これガンですか？」

ときくと、

「わからん……しかし金曜日には徳大《とくだい》から阿南《あなん》の中央病院にすばらしい先生が来られるので、紹介状を書きます。すぐに行って下さい」

とおっしゃって、紹介状を書いて下さった。

そこで当日千さ子さんはしっかりと神想観をしてから中央病院に行った。するとレントゲンを撮って下さったが、何も変なものはうつっていないといわれる。

「わあ、助かった！」

と思ったが、このお医者さんは、

「井上先生から紹介状をいただいて、何もありませんでしただけで、帰すわけには行きません。来週もう一回来て下さい。再検査しますから」

といわれた。こうして再検査の時、乳腺十五本に造影剤を入れてレントゲン写真を撮ったところ、一本の乳腺の奥の方に、五ミリ位の塊が映った。

「ここは場所が悪すぎる。取った方がいい」

ということで、一月十日に手術することになった。さて手術が終ると、肉の塊を見せてくれて、「これだよ」とおっしゃる。さわってみると、軟球のボールのように柔らかい。

「あんた、これよかったよ。良性のものがガードしてるもの。何かまだ分からんが、調べとくね」

こうして約二週間して、検査の結果が知らされ、「あれは癌だったよ」と言われた。千さ子さんは内心ギクッとしたが、病気もない、癌もない、必ずよくなると思い、歌を歌いながら車を運転して家路についた。

しかし「病気がない」ということは実在界という神の国には病気も不幸も戦争もないということであって、その実相が覆いかくされているから、現象世界には隠蔽《いんぺい》の程度によっては病気や不幸が現れてくる。だからナイというのは、「病気が治る」とか「癌が消えてしまう」ということとは、次元が違う話なのである。

しかし心の悩みや苦しみや心配が強く実相の完全円満を隠蔽するから、明るい心で歌を歌って、たのしく暮らすのはとてもよいことだ。さてこうして千さ子さんが家に帰ってくると、武治さんというご主人はまっ青になっているし、お母さんもしょぼくれている。おばさんが、

「千さちゃん、弱ったなあ。可哀そうに！」

という。その雰囲気や言葉で、千さ子さんもつい、ヘナヘナとなってしまった。ガタガ

夕とふるえたりして食事もとれないのだ。さらにあくる日弟嫁が、

「姉さんが死んだら、私がお母さんの面倒を見るの？」

というのである。

「私、死んどらん！　まだ生きとる。死んでからそういうこと考えてよ！」

といいながら、

「私は、神の子です！」

と一心に神様に呼びかけるのだった。

胸を張って行け

さらにお母さんにも「祈って」とたのむと、

「氏神さまにお百度ふんで来たよ、感謝の祈りをしてきたよ、ご先祖さまにもお詣りしてきたよ、これからどうしたらいいの？　言う通り、何でもするから……」

とおっしゃるのであった。

この時千さ子さんは、本当にご迷惑をかけた、私の気のつかない所で、こんなに皆が私

を生かそう生かそうとして下さっている、と思って感謝した。そして又乳房は父（や夫）を象徴するし、おっぱいは母を現しているから、まだ感謝が足りなかったのだなと強く反省した。

その時思い出したのは、昔弟が急性の心臓病で死にそうだという電話をもらったことがあった。その心配で八日間くらい眠らなかったし、その後弟さんはノイローゼ気味になって、遂に入水自殺した。あとに小学校二年生の男の子と、四年生の男の子を残していった。千さ子さんは、自分自身のこと以上につらかった。自分の子供にしてもよいと思うくらい、弟さんを愛していた。事業をするときにはバックについたくらい可愛がっていた。その弟を助けられなかったことが、大きな彼女の苦しみだったのである。

さてこのような「癌の宣告をうける」という不幸な出来事も、そのことがきっかけで色々と家族や近親者から受けたご恩や愛念を思い出し、反省し、感謝し直すきっかけになるものだ。そして何よりも大切なことは、人間の実相の不死・不滅を自覚することであり、この真理をより多くの人々にお伝えする使命を与えられている自分だと気付いたと話しておられた点である。

こうして千さ子さんがいろいろと反省をし、感謝と祈りの生活を送っていると、弟の遺児だった二年生と四年生の甥っ子は、今はもう大学に行くようになり、素直ですばらしい〝特待生〟となったということであった。さらに千さ子さんは手術の時、担当医が、

「おっぱいは残せますからね」

といって下さったが、

「恐いから、いりません」

と答えて、右乳を切除した。そして夫には、

「ごめんね。女の姿をしていなくて、すみません……生長の家にも、もう行かれない。病なしと常に言ってる私だのに、癌になって、おっぱいを取ってしまったので、もう行けない」

と謝った。すると、夫は、

「まだ一つあるからいいよ」

となぐさめてくれ、

「胸を張って教化部へ行きなさい。そして頑張って、生長の家をやりなさい!」

と励まして下さったというから、ご主人の方がより一層「病なしの真理」を正しく把握しておられたように思われる。現在都さんご夫妻は共に製菓業をいとなみ、千さ子さんは地方講師、白鳩会の支部長さん、連合会副会長さんも務めておられる現役の菩薩さまである。

心の影

このように一時的には不幸な出来事に遭遇したり、病気や肉親の死に苦しむことがあっても、正しい信仰を堅持して感謝行や祈りに徹していると、いつかは必ずより大きな幸運が訪れてくるのである。都さんの体験発表されたと同日の団体参拝練成会では、三重県四日市市日《ひ》永西《ながにし》に住んでおられる難波明子《あき》さん(昭和十二年一月生まれ)が、次のような話をされた。ご主人は譲《ゆずる》さんといって、家屋の増改築や、インテリア関係の会社の社長さんである。奥さんも会社員として経理を担当しておられるということだ。

三十七年前に明子さんは姫路市の公会堂で行われた私の講習会に出席された。その時きいた体験発表や講話にも感動して、自分も私の前で、いつか体験発表したいと強く思ったということだ。さて明子さんは昭和三十四年に結婚したが、当初から夫婦の不調和で苦しんでいた。何とかしてこの苦しみから逃れたいと思い悩み、結婚と同時に生長の家を知った。しかし、

「困難にたわむれよ、環境から逃れるな」

などと教えられるので、思い悩んだ。その上夫が生長の家を〝目の仇にしている〟と思うので、夫の目を盗んで聖典を読み、神想観をし、聖経を読誦《どくじゅ》した。さらに夫の留守を見はからって神誌*の愛行を行い、講演会などにも行ったりする「隠れ生長の家」だったのである。

こんな風にして二十年程過ごしてこられたところ、社員の一人である営業マン（Fさん）が、明子さんにひどく反抗するようになった。明子さんにとっては、彼が第一の悩みだった。明子さんは、彼の実相の神性・仏性を拝むしか道はないと思い、夜は人の寝静まるのを待って神想観をし、聖経読誦をして、さらに氏神様にもお詣りした。

しかし明子さんは、くやしくて腹が立ってたまらない。憎らしいという思いが湧き上がってくる。神想観をしようとしても、とてもその気になれない日が続いた。けれども強

いてこう思った。

「あなたは、私たちの会社になくてはならない人です。会社のために一所懸命働いて下さる有難いお方です。ありがとうございます。神様の愛そのものであります……」

そして又明子さんは、反省もした。こんなに私が反抗されるのは、私が夫に対して形ばかりの「ハイ」を行じていて、心の底では夫を尊敬せず、夫が生長の家に反対しているので「隠れ生長の家」をきめこんでいるからではあるまいか。だからこれからは、夫に心からハイを実行しようと思ったのである。たしかに夫の目をごまかして信仰しているという姿は、その心の影として社員からの反発を買う大きな原因となりうるものだ。〝夫婦大調和している〟とは言えないからである。会社のためを思って働いている営業マンは、本能的にそう感ずるのだ。

一方明子さんは、夫に対して素直にハイと返事して行動できる妻になる努力を続け、両親に対しても感謝する生活を行った。すると二、三ヵ月経ったころからは、有難くて仕方がない感情が湧き上がり、何をしても有難いのである。台所で働いていても、洗濯物を干していても、道を歩いていても、立ちどまっても、ただ「ありがたい」のである。

変化する世界

そうなると、神想観をしようとする前から、Fさんのことが有難くてたまらなくなった。涙が流れるほどだ。するとそのころ、突然彼の腰が立たなくなったのである。一週間たっても十日たっても、Fさんの腰は痛んで歩けない。奥さんと子供さんに担がれて病院に通い、以来会社はずっと休んだままだった。

すると今まで生長の家に反対していたと思っていたご主人が、彼（Fさん）を生長の家の宇治の練成道場へ連れて行ってやろうか、と提案された。明子さんは驚くと同時に、嬉しくてたまらなかった。こうして譲さんは、自ら進んで車を運転して、Fさんを宇治の練成道場へ運んで行かれたのであった。明子さんも神想観をして、Fさんの神性のすばらしい顕現を心に描き続けた。

やがてFさんが十日間の練成をおえて帰って来た時、彼は合掌して、

「奥さん、有難うございました」

と心からお礼を言ってくれた。

「腰につけていたコルセットも、神様にお返しして来ました。そして完全によくなりました」

というのである。その後Fさんの態度は一変し、奥さん、あれしましょうか、これしましょうかと、仕事の上で明子さんのしてもらいたい事を全てしてくれるようになり、今までの地獄のような環境が、天国のように一変した。

Fさんは会社のためによく働いてくれた。今まで明子さんに反抗したり、夫が生長の家を仇のように思っていたという仮の姿は、みな消え去ったのである。それは明子さん自身の心が感謝と素直な行いと実相を観る心に一変したからであった。

さらにご主人の譲さんは、その後も社員をどんどん練成道場に送りこんで下さるようになった。「生長の家」を目の仇にしていたご主人などは、どこにもいなかった。それをどうして取り違えるのだろうか。ちょっとした誤解を、正解と思いちがえるからにちがいない。だから「隠れ生長の家」などはナイのである。そのような態度は、夫への不信であると同時に、信仰への不信でもある。その不信が、暗い影を家庭や職場や環境に落して、「不幸」を作り出すのである。

しかしこの「不幸」はどこまでもニセモノであり、非実在であり、仮相であるから、必ず消え去るものだ。心が感謝と神想観に徹するにつれて、ひとりでに、ごく自然に、時の流れと共に消え去ってしまうものである。

その後譲さんは三階の二十五坪ほどを改造して、そこを早朝神想観や総連会議（白鳩会の）や母親教室の会合などに使わせて下さるような協力者となられた。さらに兄弟や社員を護持会員*に、四人の息子さんと夫々の奥さんや孫たちを什一会員*にし、特志会員にも四口入会され、会社もどんどん発展しているといった現状である。

明子さん自身は現在地方講師でもあり、白鳩会の三重教区の連合会の副会長をつとめ、うれしい楽しい生活を送っておられる。なおFさんもその後独立した企業家となり、さらに地方講師としても活躍しておられるという話であった。

＊神誌＝現在の普及誌以前に発行されていた、生長の家の月刊誌の愛称。
＊護持会員＝生長の家の運動に共鳴し、献資をする人たちの集まりである「生長の家聖使命会」の会員の一

種で、月額四百円以上を奉納する会員。

＊什一会員＝生長の家の運動に共鳴し、献資をする人たちの集まりである「生長の家聖使命会」の会員の一種で、月額千円以上を奉納する会員。

第5部

明るい笑いと感謝がきめて

一　無条件で生きる

たくましい子供

新しい年を迎えると、いつもこれから先の世界はどうなるかとか、日本は大きくなるか小さくなるか、などと考えてしまう。人間ならば歳がふえるばかりで、段々子供になるということはないが、国は人口が減ってくると、次第に小さな弱い国になるということもある。それは子供の数が減るばかりの〝少子化傾向〟に今なっているからだ。

そこで自然に、しっかりした、たくましい子供がふえてほしいという気持になるのは、誰でも同じだろう。たくましいというのは、身体が大きいとか、力が強いということだけではなく、心が大きくて、広々としている、自分ひとりのことにばかりこだわっていない、思いやりがあるということだ。

例えば平成十一年の八月二日の『読売新聞』には「小さなセミ博士」と題して、田保淳子さん(埼玉県の三十一歳の主婦)の〝ハートフル・メッセージ〟というコラムがのっていた。

『小さな神社の前で、私は思わず立ち止まった。肩から虫かごをさげ、手に網をもった真っ黒に日焼けした男の子。「セミがとれるの?」――このひと言がきっかけだった。5歳の小さな「セミ博士」は、見知らぬおばさんに「セミとりの極意」を伝授すべく私の手をとり、近くの公園に向かった。いるいる、あの木にもこの木にも。「セミはこうやって持つと平気だよ」「トンボはね、目や首がぽろっととれちゃうから、網でとっちゃだめなんだよ」…セミ博士の講義は続く。あっという間に虫かごはセミでいっぱいに。「夕方にはみんな木に返してやるよ」と博士。この街に嫁いではじめての夏。小さな友達は、忘れていた遠い夏の日と、虫にも宿る小さな命の尊さを同時に思い出させてくれた。』

この五歳の子は、日焼けして、元気で、しかも深切で、人なつっこく、物知りで、たくましい子と言える。おまけにセミのいのちを大切にして、「夕方には木にかえしてやる」というから、こんな思いやりのある子供は、国の宝だ。よい父母に育てられたのに違いないと感心する。

ところが逆に、小動物をいじめたり、小さな道一杯にひろがって、座り込んだり、立ち食いしたりして、通行人のことなど何一つ考えないような青少年がふえてきた。たっぷりとおしゃれはするが、食べ残したカスはそこらあたりへ投げ捨てて、町や村をよごして平気な子供や若者がふえたのでは、日本の将来は一体どうなるのだろうと思わざるを得ないのである。

そこで私は、いつの間にか、少しでも町をきれいにしたいと思い、本部への通勤途中でカンカラを拾ったり、弁当カスを拾ったりするようになった。拾ったカスを食べるわけではないが、カンカラの中にはまだ汁が残っていて、いつか服のズボンにしみがついてしまい、家内に、

「これ、どうしたの？」

ときかれたことがあった。それでも拾いぐせがつくと、ついカンカラや空ビンに手が出てしまうのだ。するといつの間にか、町角の青年達に見つかって、おたがいに声をかけた

り、あいさつをするようになってしまった。この青年達はほとんど一日中、雨の日も雪の日も、店の発展のために呼び込みの作業をしている青年たちである。

すてきな夫

世の中には色々の仕事がある。けれどもどの仕事も大ていい何かの役に立っている。自分一人がもうかって楽をしているというのではないはずだ。ところが仕事の種類により、他とくらべて自分や夫や子供は、恰好がわるい、収入が少ない、役員になっていないとか、妙なところに引っかかっている人が沢山いる。これはあまりにも心が狭くて、「人間は皆神の子ですばらしい」ことを忘れている人々ではないだろうか。

人は世の中の欠点や不足している所ばかりさがしていると、この世が嫌になるものだ。しかも心に強く描くものが世の中に作り出されて行くから、欠点や悪が消えるどころか、逆にふえてくるのである。地位や名誉などは、別に神様がつけたのではなく、誰かその役職の人がつけたのだろう。それはニセモノであるから、やがて悪事がバレたという「偉い人」が一杯報道されている現状である。

しかし今の日本を支えている人達は、そんな見せかけの「お偉いさん」ではない。例えば平成十一年八月一日の『毎日新聞』には、こんな投書がのっていた。〝女の気持ち〟という欄で、横浜市戸塚区の高橋志津江さん(六十歳)という方の気持だ。

『夫は電気工事業。社長とは名ばかりで、日がな現場で脳力と体力を駆使し、その働きぶりは自他(私)ともに認めるところだ。

一日中働いて疲れきっているのだが、その仕上げは洗濯。風呂《ふろ》に入ると、その日の作業着、下着、靴下まで、固形せっけんで襟やま、そで口、すそ、縁とていねいに手洗いする。

干すときも「パンパンッ」とたたいて、手のしをするので、アイロン掛けも必要ない。おかげで作業着はきれいで、長持ちもする。

たまに一、二着たまることもある。見兼ねて「洗濯機ですが、私が洗いましょうか」と言っても「洗い上がりが違う」と、体よく断られてしまう。特に靴下にはこだわりがあるようだ。以前、「作業用に白は汚れが目立つから色ものにしたら」と勧めたとき、こう言われた。

「汚れが目立つからいいんだ。おれの仕事は、よその家に上がることも多い。そのとき、職人がきれいな靴下を履いていたら、家の人も気持ちがいいだろ」

それを聞いて「あんた、いい工事屋さんだねえ」と、思わずほめてしまった。

手で洗えば、ものを大切にする心が戻ってくるのは真実だと思う。夫の腰道具ひとつ見ても、それが良く分かる。

「手より優れた道具はない」という夫。何ごとにも大ざっぱな私には真似《まね》できないが、若い世代にも知っておいてほしくて——。』

頭のよい人

「手より優れた道具はない」という高橋さんの言葉は実に立派である。その「手作業」をおろそかにして、頭だけで仕事をするというのは、不可能なのである。むしろ手は、頭が外に飛び出して動いている所のようなものだ。だから頭の悪い人で手だけが器用ということはありえない。職人といわれる人は、みな頭が良くて、立派な仕事をし、ずっとわが国の経済と文化を支えてくれている立派な人達である。地位や名誉があるなしの問題ではない。それを超えているところが又すばらしいのであり、その夫のよさを素直にみとめている女性は、これまた「頭がよい」のである。

チャップマン（George Chapman）というイギリスの詩人は、〝いつわりのひとの世よ、地上の驕《おご》りゆえに、天上の楽しみは、空気のごとく稀薄となりぬ〟と歌っている。人間・神の子の悦びとは、学歴や地位をとやかく言う人とは無縁である。神の国の住人には無限力がある。無限の悦びもまた全ての人々のものであり、地上の条件に左右されるものではない。一見不完全な人のようであっても、ひたすら神のみ心を実行しさえするならば、限りなく幸せとなり、生き甲斐のある立派な人生を送ることができるのである。

例えば、東京都大田区池上《いけがみ》四に住んでおられる栗原紀子《のりこ》さん（昭和十五年二月生まれ）は、平成十一年六月二十六日の総本山での団体参拝練成会で、次のような体験を話して下さった。紀子さんは十八歳の時、図書館で『生命の實相』という本を読んで感動した。そこで四十巻を全部買い求めて、それを一気に読破したということだ。最初はまだ白鳩会の組織にも入っておらず、ただ読書一点張りだったので、初心の感動も次第にうすれ、しばらくは信仰が身についていないなかったようである。

やがて二十四歳になった時、結婚したご主人とうまく行かず、悩み苦しむ日々が続いた。その結果、心の悩みが身体や環境に現れて来るのが「法則」だから、やがて二十九歳の時、急性関節リューマチにかかった。こうして折角《せっかく》生長の家の教えにふれていながら、離婚する結果となり、以来五歳の娘と病弱な両親との四人の苦しい生活が始まったのである。

無条件だ

彼女自身も関節リューマチで不自由な身体ながら、じっとしていては食べて行けないから、薬を飲みながら、夢中になって働き続けた。と同時に一心に『生命の實相』を読み、神の子・人間・完全円満の信仰を肉体生活の中に現成《げんじょう》しようと努力したのであった。そして白鳩会にも参加した。

ところが平成二年になって、病気が悪化し、仕事もできなくなった。遂に平成七年になると、寝た切りの状態に陥ったのだ。そのころは家の中で、杖を二本ついて歩くと、もう十五分も立っておれなくなる。一日中部屋の中で天井を見て寝ている状態だった。病院に行って診てもらうと、両膝の関節の所がすっかり変形しているので、両膝を切開して、人工関節を入れる外に方法がないと言われた。

それを聞いて紀子さんは大いに悩んだが、医師から手術は早い方が良いと言われるので、平成七年の十月に入院して手術を受けた。最初から両脚一度に手術をしようと言われたが、片方ずつしてもらうように頼みこみ、先ず左の脚に人工関節を入れた。しかし人工関節になると、永久に正座することはできない。右脚もまだ手術前で、不自由だ。

そんな不完全な状態になると、組織活動はできないし、地方講師としては致命的な障害だと思った。これではいくら光明化運動をしようとしても、できるはずはない。そう思い込んで白鳩会の支部長も、地方講師としての活動もすっかりあきらめてしまっていたのである。

こうして本部にも行かず、教化部にも行かなくなった。それは「白鳩会の幹部たるものは、完全な肉体で、どこから見ても健康で、大調和の夫婦生活を送っていなければダメだ」と思い込んでいたからである。

このようにして平成八年の四月になると、東京第一教区の教化部長が交替したという話を聞き、久しぶりに教化部に出かけて行き、当時の教化部長だった岡田淳講師（現在は総本山総務）の姿を見た。すると岡田講師の両手は、手首のところから脱落していて、不完全な肉体であった。しかも本部講師として、大活躍をしておられるのだ。さらにその講話を聞いて、彼女は大いに感動した。肉体はどんなに不完全でも、その人の本性は神の子であり、無限力の持主である。その不死不滅のいのちこそが本当の人間だ。講師たるものも、幹部たるものも、肉体が完全で、離婚などしていては務まらないなどという〝条件〟は何一つない――「無条件だ」ということに気付いたからであった。

勿論《もちろん》、学歴や財産のアル、ナシなどは、何一つ無関係だ。それらは人間の使う道具や訓練の一経過にすぎないのであって、人間の基本人権や能力そして訓練のたくましさとは無縁である。ところが紀子さんは、自分の脚の不自由さのせいで、地方講師活動や白鳩会支部長はできないなどと、勝手にきめつけていた。それは肉体という道具に引っかかった〝幻想〟だったと気付いたのである。

たくましく生きる

「私は何て長いこと、利己的な信仰をやっていたんだろう」

と紀子さんは考え、大いに反省した。そして二つのことを決めた。

「私はもう絶対に人と較べるのはやめよう」

「過去の元気だったころの自分、あのころはあれも出来た、これも出来た、今はこうだと考えると、悲しくなってしまう。だから過去の自分と比較するのもやめよう」

そして病気が治ってからではなく、今このままで、神様のお役に立つことをさせて頂ければいい、ときめたのである。こうして二ヵ月後の平成八年の六月に、白鳩会の支部長と、九年ぶりに地方講師として復活することになった。それまで彼女は長い間、支部長になるのは絶対いやだと頑張っていた。ところが素直にハイとその役を受けた時、彼女のおなかの奥の方から、

「ああ、私は神様のお役に立つことができるんだ！」

という感謝と喜びが湧き上がった。それまでは自分の肉体の不完全さに引っかかって、あれは出来ない、これもダメだと、自分勝手な自己限定をして、無限力を現そうとはしなかった。その制限を取りはらったところ、心がワクワクして、嬉しいことがどんどんふえ

て来たのだった。

今まで手術をしていなかった右脚は、二年前から手術を必要とすると言われていた。しかし彼女はそれ以後病院に行かない生活を送り、薬もこの二年間は飲んでいなかった。手術前のその右脚をそのまま使って動き回った。健康な時は自転車がこげたが、今はこげなくなっていたので、三輪自転車を買ってきて片脚でこいで乗る努力をした。そして毎月三百冊ぐらいの普及誌を積んで、愛行《あいぎょう》することが出来るようになった。すると二駅や三駅はどこへでも、片脚こぎで行くことができるのだ。娘さんがそれを見て、

「お母さん、障害者じゃないみたいね」

と言って驚くぐらいの行動力を発揮することができた。その結果、由美子さんという娘さんも大変心が変わり、信仰的になった。紀子さんは彼女に対して十五年くらいの間、「生長の家はすばらしいよ、読んでみたら」とか、「よいお話があるから、たまには行ってみたら」と勧めていたが、ちっとも行こうとも、読もうともしなかった。

「お母さんが生長の家をやるのはいいけれど、私にすすめるのは絶対やめてね」

と反発していた。そのころはまだ紀子さんは、暗い顔をして、痛い、痛いと嘆いていた

のだが、今はニコニコして白鳩会に出講したりしているし、三輪車に乗りまくって愛行している。それを見て由美子さんはいつの間にか生長の家の本を読んでくれるようになり、講習会をはじめ色んな行事にも積極的に参加してくれるようになった。そして家の中で娘さんと生長の家の話を二時間でも三時間でも話し合えるということが、紀子さんの〝最高のよろこび〟となり、現在の大和教化部長（東京第一教区）の指導の下で、いきいきと活動しておられるのである。

　私が紀子さんの脚の状態を拝見したところでは、手術した左脚（九十度しか曲がらない）よりも、何もしないで明るく運動に飛び回るようになった右脚の方が当り前に動くようになっているようだった。そこには明らかに人工関節ではありえない自然療能力が現れ出ているのであった。即ち内在の無限力は、いかなる現象にも引っかからず、ただ無心に、そのままの心で「神意」に随順《ずいじゅん》する時、信仰の深まりと共に現れて来るものであり、老若男女を問わぬ「たくましい生き方」なのである。

二　ありがたい言葉の力

怒りはおそろしい

心が肉体に大きな影響を与えることは、誰でも経験するところであり、医学的にも、宗教的にも認められている。例えば、うれしい心になると、顔に笑いが浮かぶ。たちまち表情になって出てくるし、声や動作にもうれしさが現れてくる。同じように怒りがこみあげてくると、ふくれ面になったり、怒鳴り声を上げたり、時には拳《こぶし》を振り回して、追いかけたりする。

昔は、恐いものの代表者として、「地震、雷、火事、親父《おやじ》」と言われたが、たしかに前の三者は恐ろしいが、親父となると、やさしい人となったりして、最近はかえっておふくろや細君の方が恐ろしく、文句ばかり言うといった傾向もあるようだ。

私の今の住居は渋谷区原宿の明治通りから、ちょっと奥に入った所にあるが、その曲り角に立派な婦人物の洋装店がある。そこで必然的に私は毎日その店の前を通って往《い》き来するが、先日見た一組の男女は、二人とも立派な体格の青年と女性だったが、女性の方が強引に、つれの男性をその洋装店につれ込もうとしたのだ。男性は尻込みして、いやがっている様子だった。がこの女性は、はげしい怒りの表情をして、彼を店の中に連れ込んだのである。

それからはどうなったか知らないが、多分高価な洋服を買わされたのではないかと想像する。もしかしたらその女性は変装した警察官で、男性はハンザイ者候補だったのかも知れない。しかし恐い女性と、一見とてもおとなしい男性だったことは確かである。

ところがこのような怒りの感情が、身体のためにはよくない影響を与えるに反し、感謝やユーモアの感情は、肉体にすこぶる良い影響をあらわし、さらには〝外交関係〟にも好結果をもたらすのである。

例えば平成十一年九月十四日の『産経新聞』には、次のような記事がのせられていた。

『怒りや攻撃性が強いタイプの男性はがんを殺す免疫細胞の働きが弱くなる傾向があり、中でも攻撃性を表に出さない人の場合で特に顕著なことが、川村則行国立精神・神経センター室長（心身医学）らの研究で明らかになった。

攻撃的な性格傾向は、欧米では心筋梗塞（こうそく）など冠動脈疾患との関連が指摘されているが、同じ攻撃性でも日本人は内に秘めるタイプが多いのが特徴といわれており、研究結果は日本人のがんとストレスとの関係を考える上で重要なデータになりそうだ。二十九日から広島市で開かれる日本癌（がん）学会で発表する。

川村室長らは、愛知県内のある事業所に勤務する四十歳から五十九歳の九十五人に、攻撃性のタイプや程度を判定する心理テストを実施。この結果と、異物を排除する働きを持つリンパ球の一種で、がん細胞を殺す働きのある「ＮＫ細胞」の活性度を比較した。その結果、攻撃性が低いと判定された三十六人の活性度は平均五六・八％だったのに対し、中程度の四十人は同五一・九％、高かった十九人は同四八・六％と、攻撃性が強くなるにつれて細胞の活性は落ちた。

攻撃性を内向させる傾向が強いほど、ＮＫ細胞の活性度が低下することも分かった。

ＮＫ細胞の活性は、たばこを吸う人の方が、吸わない人より低くなることが分かっているが、攻撃性の強弱による活性度の差もこれとほぼ同じだったという。対象者の年齢と活性とは関連がなかった。』

プレゼント効果

このように肉体の細胞にあるガン発生を抑止する〝ＮＫ細胞〟は、怒ったりするほどその働きが弱くなるというのだから、まさに心身相関の好実例だと言えるだろう。一方ユーモアの効果の方はどんなものか。同月同日の同紙には、次のような記事ものっていた。

『米の法の元締め、リノ司法長官へのインタビュー記事が、故ジョン・Ｆ・ケネディ・ジュニア氏が創刊した雑誌「ジョージ」最新号に掲載された。

テキサス州で一九九三年に起きた新興宗教立てこもり事件の処理をめぐってリノ女史が批判の矢面にたたされているさなか、タイムリーな企画だったが、女史は、問題の新興宗教事件にとどまらず、最近の銃犯罪とその取り締まり、患っているパーキンソン病の具合、未婚を通してきた理由など公私にわたって縦横に語り、「冷たい女」というイメージをぬぐい去った。
そんななかで、何年か前にタブロイド紙が報じた「日本での世論調査によると、日本の男性は〝世界でもっともセクシーな女性〟としてリノ司法長官を選んだ」という記事に話題が及んだ。別のページには、「プレスリーは生きている」という記事をずうずうしく掲載している新聞のことだから、実際に世論調査が行われたのか、いささかあやしいが、女史の語るところでは、だれかから知らされてびっくりし、「冗談言わないで」と取り合わずにいたところ、翌日、この記事を読んだらしい日本大使館から、何と豪華な花束が贈られてきたという。
大使館に確認したわけではないが、ご本人がいうのだから事実なのだろう。だれの指示か知らないが、怪しげなタブロイド紙の記事にまで目を通し、早速花束を贈るとは、お堅い日本大使館もなかなかいきなことをするではないか。ちょっと感心した。（樫山幸夫）』
こうしたイキな日本大使館が世界各地に出現したら、日本の国連常任理事国入りも、やすやすと実現し、外務省の水増し横領事件も消え去り、テポドンでおどすよりは、花束のプレゼントの方が、安上りで効果的だということが分かるはずである。

膀胱《ぼうこう》がおかしい

もっともこの記事は、本物の日本大使館が贈った花束か、それとも日本大使館の名を借りた「ユーモア行使マニア」のプレゼントだったかも知れない。もしそうだとしたら、多分お金のありあまった〝親日家〟だったろうと思われる。

とにかく「感謝する」ためには、あらゆる機会をとらえる機敏さと勇気が必要だ。その一番簡単なやり方は、コトバで「ありがとう」と発声することだが、これがまだ日本人とくに男性には大変欠けている。ことに家庭内での〝欠語症〟が多いのである。ところが、この感謝のコトバは、すばらしい威力をもっていて、NK細胞を活性化させること、間違いなしだ。

例えば平成十一年九月十八日に、総本山の団体参拝練成会で、愛媛県大洲《おおず》市若宮四二七に住んでおられる西本仁《まさし》さん（昭和五年六月生まれ）は、次のようなガンの体験を話して下さった。それまで数ヵ月間、便所に行くと血尿が出ているらしく、便器が赤くなっていた。それを奥さんに指摘されると、「それは女たちのせいだ」などといって、自分の仕わざとは認めなかったのである。しかし西本さんは平成四年八月に県立中央病院でこう宣告された。

「今まで八ヵ月間は、色々と膀胱の手当てをしたし、手術もしたが、もうこれ以上することはない。これが最後の治療です。もしこれがうまく行かず、ガンだと分かったら、すぐその場で膀胱全体を切り取ってしまいます。膀胱の中でガン細胞が破裂すると、全身にガンが行きわたり、いのちがなくなるから、その場で切除するのです」

こう言って担当医は三日間の休暇をくれた。そこで仁さんは家に帰り、奥さんの千代《ちよ》さんにその話をした。仁さんの母親と奥さんとは、以前から生長の家を知っていて、聖使命会員だったのである。しかし仁さんは何も信じていなかった。そこで三人で話し合っていると、母と妻とは、

「どうせ切られるのだったら、生長の家のお話を聞きなさい」

としきりにすすめる。そこで仁さんは奥さんと一緒に生長の家の講師の人から色々とお話を聞いた。がそれを聞いても分からないところが一杯ある。三日間の休暇がすみ、仁さんが病院に帰ってくると、その生長の家の講師さんは病院にも話しに来て下さって、

「ぜひ練成会にいらっしゃい」

とすすめるのだ。そこで仁さんはやむなく三日間ほど練成会に参加した。そして「感謝すること」を教わったのである。ところが西本さんは、今まで感謝なんか一度もしたことがなかった。しかも練成が終って病院に帰ると、間もなく四十度くらい発熱して、下痢がとまらなくなった。検査してもらっても、発熱の原因が分からないという。食事が出来ないから、見る見る身体が痩《や》せて行った。

「これは大変だな……」

と思ったが、三日間の練成のおかげで、少しは分かったことがあった。今まで仁さんは、病院でお医者さんや看護婦さんから注射を打たれても、文句ばかり言っていた。ところが練成から帰った夜には、

「ありがとう」

と言ってみた。するとお医者さんや看護婦さんは、何かおかしいなと思った。今までやんちゃばかり言っていた人が急に変になったなと思い、看護婦さんも「気持わるいわ」などと言っていたらしい。そこで、仁さんは医者にたのんでみた。

「一ぺん退院させてください。体力が持ち直したら、もう一度病院に帰って来ますから」するとお医者さんも、いざとなったら手術をしようといって、一時退院させてくれ、自宅で飲む分として沢山の薬を処方して下さった。仁さんは練成で「神様に全託《ぜんたく》すること」も教わったので、それをやろうと思って、持って帰った薬を、すぐごみ箱の中に捨ててしまったのである。

しかし「神様に全託する」ということは、「薬を捨てること」と直結している訳ではない。たしかに現代日本の病院では、多量の薬を出しすぎるという傾向がある。しかし全ての病院がそうする訳ではないし、中には適当な薬もある。神様は医師や看護婦の仕事を全く無視されている訳ではない。神の愛は全てのものや人を通して、豊かにふりそそがれるから、こちらの心が全託する気持になるにつれて、「適当な医療」も法爾自然《ほうにじねん》に与えられるということになるのである。

例えばいつも天地万物に感謝している人には、事故にあわなくなるということもあるし、たとえ事故にあっても、適当な処置が受けられて、傷や病気が軽くすむように、自然になって行くものだ。しかし西本さんの場合は、まだ「感謝すること」が、これから始まったばかりといった入門の段階だったから、とにかく多量の薬は忽《たちま》ちゴミ箱に直行するという結果になったのだ。

さらにもう一言付け加えると、四十度くらいの発熱が続くと、かえって免疫作用が強化され、悪性のウイルスや菌が死滅させられるということもありうるのであって、この時の発熱も全く無意味と言うわけでもないのである。

何しよんかね

さていよいよ家に帰ると、西本さんは背水の陣を布いて「感謝」をしなくてはならないと思ったが、今までは三十何年間一緒にいた奥さんに、一度も「ありがとう」と言ったことがなかった。しかし練成では、「手を合わせて有難うと言いなさい」とまで教えられた。だからそうしたいとは思うが、中々やるのが難しい。絶大な勇気がいる。そこで襖《ふすま》のかげで、こっそりと合掌して、

「母ちゃん、ありがとう」

と言ってみた。ところが二、三日すると、このような姿を、奥さんに見られてしまっ

た。

「おとうちゃん、何しよんかね」

ときく。

「感謝して、お前にありがとうと言えと教えられたから……」

と答えた。その結果翌日からは、もう見られた以上はかくしてもムダと思って、やけくそになり、

「お早うございます、ありがとう」

と言い始めたのである。すると次第に本当にありがたくなって来た。だから本気になって、

「ありがとうございます」

と言えるようになったのである。

こうして退院してから十日程たった時に、講師の先生から、総本山の団体参拝練成会に行きませんかとさそわれた。しかしまだ体力がなくて、ガリガリに痩せている。だから奥さんは、皆さんに迷惑がかかるといけないからとしぶっておられた。で仁さんは言った。

「行くのはわしじゃい。先生、つれてって下さい！」

と参加をたのんだ。こうして西本さんは総本山に来て、一心に献労＊もやったし、色々の講話も聞き、神想観や聖経読誦《どくじゅ》も行った。練成をうけると、食事もおいしく頂けるようになった。いよいよ練成が終って帰る段階で、〝如意宝珠《によいほうじゅ》の珠《たま》＊〟をもらった。すると身体の中に、光が入ったような感動を憶えたのである。


ただ有難くなって、涙が止まらなかった。さて帰ってからは、神想観の時も、ただ一心に「ありがとう、ありがとう」と唱えていた。

ありがたいことばかり

やがて十二月になると友人がこう言った。

「病院の先生が、病状を心配しとるから、一ぺん検査に来なさいと言ってたよ」

そこでこの友人に連れられて、県立中央病院に行って検査をしてもらった。すると、膀胱の中はまっ赤だと言われた。さらにお医者さんが言うには、

「治っとるか、治っとらんか分からん。だから中の細胞を採って、検査のために東京に送

るからね」

　そして膀胱内の細胞を採って、詳しい検査のために東京に送ってくれた。西本さんは平成五年の二月に、検査の結果を聞きに病院に行った。すると、

「良性になっている。ガンがないのです」

と言われた。西本さんの心が「感謝」に変わり、「ありがとう」と言う言葉が毎日出るようになることによって、免疫細胞等の治癒力が急激に増大したのにちがいないのであった。

　それからの西本さんは「神想観」で唱える言葉も知り、ご先祖の供養も続け、このような感謝行を一日も欠かしたことがなくなった。「聖経読誦」も千巻読誦をしようと思ったが、〝一巻〟というのがどれくらいの分量か分からない。普通はどの聖経でも、一回を一巻と言いならわしているが、彼は一巻とは「四部経」全部を言うのだろうと思って、『聖使命菩薩讃偈*』『甘露の法雨』『天使の言葉*』『続々甘露の法雨*』の全部を〝一巻〟として読誦し、何日も何日もかかってこの〝千巻読誦〟を実行したということである。

　さらに毎月の練成会にも行くようになり、地方講師試験にも合格して、大活躍されるよ

うになった。最後に西本さんは、こう話されたのである。

「このよき教えを、僕だけで信仰するのはいけないと思い、友達や知った人でも、一人でも多くお話を伝えようと思って、今頑張っております。ありがとうございます」

＊献労＝清掃や、戸外での軽作業などを感謝をこめて行う、練成会での宗教行事の一つ。

＊〝如意宝珠の珠〟＝あらゆる願いを叶えるという仏説の中にある「如意宝珠」の象徴として、団体参拝練成会の終了時に授けられる琥珀色の小さな珠。

＊『聖使命菩薩讃偈』＝生長の家のお経の一種で、菩薩の自覚を深め、善念を送りあう時などに、読誦する。

＊『天使の言葉』＝生長の家のお経の一種で、葬祭行事及び祖先霊供養等のために好適。

＊『続々甘露の法雨』＝「人間神の子・病気本来なし」の真理が易しく説かれ、神癒、治病等に霊験ある生長の家のお経。「大聖師御講義『続々甘露の法雨』」（谷口清超編纂、日本教文社刊）参照。テープは（財）世界聖典普及協会刊。

三　不思議な世界がある

般若の智慧

以上の如く世の中には、不思議なことが一杯みちあふれている。当り前のことだと思っていても、本当は「摩訶《まか》不思議」だともいえるのである。この「摩訶」という言葉は仏教用語で、今ではあまり使われないかも知れないが、「大」とか「多」とかという意味で、不思議さを強調した言葉だ。よく聞きなれた〝摩訶般若波羅蜜多心経《まかはんにゃはらみったしんぎょう》〟というお経が読まれるが、「実相」という実在界の真髄《しんずい》を説く智慧《ちえ》のお経という意味である。

当り前が不思議だというのは、人間や動物や植物が生きているのがそもそも不思議なのだ。地球上には何も生き物がいなくてもよさそうだが、現に生き物がいる。しかもこの地球には原始時代には生物がいなかったという定説がある。そこへいつの間にか生命が生まれてきた。まず海の中からだというが、どうして海から出てきたのか。当り前のようだが不思議な話ではないだろうか。

しかも生き物には、簡単なものから複雑なものまで、無数の種類がある。木の葉一枚とっても、それぞれ他とは違った葉脈《ようみゃく》がある。似たものもあるし、大いに異なったものもある。大地の色もいろいろで、真っ赤な土地もあるし、黒いのも、白いのもある。人間の顔もいろいろで、おまけにこのごろはわざわざ白い上に黒くぬって〝顔黒《がんぐろ》〟だといって喜んでいる。背が低いのを高くしようとして、厚ぼったい靴底をはいて、転んで骨を折ったが、やはりこの靴がいいのだと主張している女の子もいる。ただし、老婦人には見かけられないのも当り前のようだ。しかしどうしてガングロがゴングロになったのだろうか……

このような社会の風潮を嘆き悲しむ大人たちも多いが、昔もこうして若者の変化を嘆く大人たちが沢山いた。昔は厚底の靴などはなかったが、高足駄《たかあしだ》をはいたのを嘆いたり、「ぽっくり」という駒下駄《こまげた》のぶ厚いのをはくのを嘆いた時代もあったそうだ。

このような光景は、みな目で見ることが出来るが、実は目に見えず、耳にも聞えない世界があるというのが分かってきたことも、不思議である。智慧とか愛とか、いのちなどは目に見えない。それでもアルとかナイとかという。あの人には知恵がないと思っていたが、本当はあった、かくれていただけだという実例が一杯ある世の中だ。そして遂に、目に見えない神や仏を考えて、これが本当にアルのだと分かって来たから、実にこの智慧こそ「摩訶般若波羅蜜多」と言えるであろう。

不可思議力

このすばらしい智慧によると、人間のいのちは死なないのである。何故か。肉体は死ぬが、本当の目に見えないいのちはまだあり通していて、不死・不滅だ。不死・不滅だから、完全である。不完全なものは何でもすぐだめになる。こうして物質は死滅する。なくならないのが本当のいのちであって、いつかなくなって無になってしまうのなら、われわれの人生は「無くなるためにある」ようなもので、これでは無意味であり、生きる値打もなくなる。だから無くならないのが本当のいのちだと分かってきた。しかも人々はこれを〝直観的〟に知ったところがすばらしい。こうして世の中には色々の宗教が説かれだした。

　しかし世の中に流布《るふ》している宗教にはインチキくさいのも沢山ある。そこで一口に宗教といってもあやしいものだと思って、神や仏を否定するものも出てきた。「アルのなら今すぐ見せてくれ」などと言うが、見えないものがアルということが分かってきたくらいだから、「見せてくれ」というのは、それ以前の知性の持主の考えであり、科学的大発見をすら否定するものであろう。

　現代科学はまず疑うところから発展してきたという。今でも色んなことを探求しているが、分からない所がいくらでもあるということが分かってきたという歴史をもっている。例えば人間の肉体には不思議な治癒力がかくされている。これは見えない不可思議力だともいえる。しかし人間の作った機械では、この自然治癒力はない。だから、どんなコンピューターでもロボットでも、壊れたらどうしようもない。Ｙ２Ｋ問題でも、その誤作動を直す力は、コンピューターのソフトの中になかったというから、二〇〇〇年の正月などには、大変迷惑をしたものである。

　ところが人間のいのちは本当は無限生命そのものであるから、それが目に見える肉体に出てくると、自然にいつの間にか肉体を修理してしまうのである。昭和の初めごろには、まだ肺結核などは不治の病気だなどと言われた。しかし今は特効薬も出てきたが、それでも人間の自然治癒力が衰えると、どんな薬もきかなくなってしまうのが現実で、結核も今ごろになって又はやり始めてきた。菌が薬に対して抵抗力を持ちはじめたからである。

平成十二年一月二十三日に、私は札幌の教化部で行われた特別練成会に出席した。その時小樽市緑三丁目に住んでおられる前田武《たけし》さん(大正十一年一月十七日生まれ)という方が、次のような体験を話して下さった。前田さんは昭和十八年に肺結核におかされ、毎日恐怖にみちあふれて暮らしていた。その時彼のおばさんがやはり肺結核で七年間療養の末死亡され、そのご主人も結核に感染して二人の子供を残して亡くなられたのであった。前田さんはますます恐怖心にかられていた。すると職場の先輩であった斉藤さんから『生命の實《じっ》相《そう》』という本を知らされ、地の巻*を借りて帰宅した。

実母と継母の関係

斉藤さんは「人間は神の子である、死んでも死なないよ」と変なことをいっていた。よく考えてみると、肉体が死んでも、死なないものが何かあるのかも知れないという気がする。ある日のこと前田さんが職場から帰ると、寒気《さむけ》がした。高熱の出る前兆のふるえが起った。その時、いつもなら湿布よ、薬よとさわぐのだが、「地の巻」を開いてみた。すると、「熱が出るのは、あなたが健康な証拠だ」ということが書いてあった。さらに読むと、発熱は生命力が発現している姿だ。ひたいに冷たい何かをのせて冷すのは、熱の出口になるというようなことも書いてあったようだ。

そこで枕許《まくらもと》に金《かな》だらいを置き、額《ひたい》を湿布で冷した。すると湯気がボーッと立ち上る。それを見て、ハー熱が出る、熱が出る、私は健康だ、丈夫だと思うと嬉《うれ》しくなってきて、その湯気を眺めていた。そうこうしているうちに、夜明けが近づくともう湯気が出なくなった。「治ったな」と思って起き上がろうとすると、まだだるくてこわい。『生命の實相』を見ると、それはもう病気がすぎ去った跡であると書いてある。そこで安心して起き上がり、借りた『甘露の法雨』を一日で筆写して、それを読むようにした。

彼はその日限り薬をやめ、内なる生命力に全托しようと決心した。以来七十八歳になるまで健康で生活できたというような話であった。しかしその後の問題として、どうしても母には感謝ができなかった。ハルさんという実母さんは武さんが小学生の時に亡くなられ、その一年後に丈夫そうな継母（ミナヨ）さんが来て下さった。このミナヨさんは小言が多くて、同じことを何回もくりかえしいう。だから武さんは腹を立てて反抗し、どうしても感謝する気持になれなかったのである。

　だが『甘露の法雨』には、「汝らの兄弟のうち最も大なる者は汝らの父母《ちちはは》である。神に感謝しても父母に感謝し得ない者は神の心にかなわぬ」と書かれていた。どうしたら継母さんに感謝できるだろうか。この問題を亡くなった実母さんにきいてみようと思い、毎日仏壇の前で聖経を誦《あ》げはじめた。するとある日、ハルさんが夢の中にニコニコしながら出て来られた。そして次第に消えていったのである。その実母さんに、「お母さん、お母さんが行ってしまうよ」と呼びかけると、その声で目が覚めた。

　夢の中の母の姿を思い浮かべているうちに、前田さんは気がついた。「今のお母さんも、本当のお母さんである」ということを。これは人間を肉体だと思っている間は分からないが、本当の人間が肉体を超えたいのちそのものだと気がつくと、前の母も、今の母も同じいのちであり、丁度《ちょうど》植物の花の一つが枯れても、次の花が又咲いてくる。その花も前の花も、同じいのちの現れ出た姿だと分かるようなものである。

そう気がつくと、武さんは涙があふれてきた。そしてハルさんにもミナヨさんにも感謝ができるようになり、小言が気にならなくなった。すると同時に小言も消えていったのである。その後色んな人に生長の家の教えを伝え、故坂本登喜子講師にすすめられ、昭和二十年五月二十三日から誌友会を開き、二十二年五月には谷口雅春大聖師の講習会で司会役を務め、二十四年二月からは地方講師として活躍されたのであった。

大宇宙の不可思議

このようないのちの世界は、目に見えないし、耳で聴くこともできない。夢の中で見たといっても、それが本当の母とは言えないので、ただ「見えない世界のいのち」の自覚をうながしてくれる契機になったというだけである。それ故、「見たもの」に引っかからず、心の視野をグンと拡大して、見えない世界にこそ真実があることを体得しなければならないのである。

この見えない世界の存在は、現代科学でも認められてきているし、過去の歴史でも、それを今見るということは出来ない。しかしある現実があったらしいということは分かっている。現代科学の粋《すい》をもってしても、ブラックホールとかホワイトホールなどという世界は、見えないし、研究が進んでその実体がすっかり分かったというわけでもない。

あらゆる物体には重力があるが（その力も見えないが）、その物体が巨大になるにつれて重力も巨大となってくる。重力は又引力でもあるから、巨大な天体や星雲は巨大な引力をもって万物を引き寄せる。すると光という物質波動も引き寄せるから、巨大天体群の近くを通る光は引力によって湾曲《わんきょく》する。ことに星が太陽よりもずっと重い場合は、星の終末になるとその重力で無限大の密度にまで収縮できる。するともう中の物質は重力で引っぱられて飛び出せないのだ。光でも強烈な重力で引っぱられるから飛び出せず、従って外からは見えない〝穴〟即ちブラックホールになってしまう。白鳥座にあるX—1という天体はこのブラックホールではないかと考えられている。さらに小さいものでも重力さえ充分あればブラックホールとなりうるから、地球大のものも、さらに素粒子くらい小さくても、ブラックホールになり得るのではないかと言われている。

これらは物質を全て引っぱり込む〝穴〟だが、その反対にそこから物質を吐き出す

〝穴〟もあるだろうというので、それをホワイトホールと呼ぶのだ。銀河系星雲の中心部にもブラックホールがあるのであろうと考えられており、ブラックホールはX線でも吸収するから、X線が出ないものもあるはずで、銀河系の中心部のそれもX線の出る分量は少ないが多分ブラックホール群だろうという考えが有力である。

それ故、見えないからナイとか、観測できないからナイというような単純な考え方では、宇宙の不可思議現象を何一つ解決することは出来ず、光の速度ではまだ地球まで光が届いていないような大宇宙のはるか彼方《かなた》は、あっても分からない存在となる。このようにして科学的研究が進めば進むほど、測定も観測もできない世界がいくらでもあり、宇宙の摩訶不思議はその深さを増すばかりだと言えるのである。

大爆発のナゾ

そこでこの地球上の過去の歴史でも、分からない所がいくらでもあり、その一つに「ツングースカ大爆発」という不思議現象がある。最近も評論家として有名な立花隆さんが『文藝春秋』の平成十二年二月号に現地探訪記事を書いておられる。即ち一九〇八年六月三十日何らかの強烈な爆発がロシアの中央シベリア高原のワナワラの北部で起った。以下立花氏の同誌の記事から要約して紹介すると、そのあたりはツングース族の住む地帯で、ヒロシマ型原爆の数千発分の大爆発が起ったのだった。

しかし一九〇八年は明治四十一年だから、日露戦争後の三年目だ。大爆発当時の多くの人の目撃談は、爆発の二十年後からやっと集められ、それらの内九百数十篇がソ連科学アカデミーでまとめられた（その間に帝政ロシアが革命によりソ連邦となった）。その一つによると、突然北の空が二つに裂けた。森の上の北の空いっぱいに火の玉がひろがった。ものすごい熱を感じ、空では爆発音が鳴り響いた。たちまち身体が六メートルもふきとばされ、気を失ったというのである。小屋も樹木もみな倒された。バラバラという銃声のようなものが聞え、二百頭のトナカイが一瞬のうちに灰になったという人もいた。

木の倒れた地帯は二千平方キロにも広がった。今も枯れたままの木が林立しているというのだ。さらに不思議なことは爆発音が六回から八回も聞え、「夜空が異様に明るくなる現象」がロシア国内ばかりではなく、ロンドンを含むヨーロッパ各地で見られ、夜も新聞が読めるほどだというから、不思議な話である。しかも「この現象は、大爆発の一週間くらい前からはじまり、爆発が近づくにつれてどんどん高まり、爆発の一日後から急激に消えていった」(立花氏の取材文より)というから、最も説明のむつかしい箇所であろう。

さらに研究されたのは、爆発の原因として隕石《いんせき》の落下かというと、地中にその痕跡が全く残っていないのだ。それならば小さな彗星《すいせい》か何かだろうか。彗星ならば、水分と宇宙塵《じん》の塊《かたまり》であるから、蒸発してしまうということもある。しかしこの大爆発は地上ではなく高さ七千メートル(例えば)の空中で爆発したらしい。丁度ヒロシマや長崎の原爆のようにである。そこでヒロシマの爆心地附近では垂直方向の構造物が倒れなかったが、このツングースカ大爆発の中心部でも、立木は直立したままで、やけたり枯死《こし》している。では核爆発による大爆発かという研究もされた。しかしこの時代に一体どこの国で核爆発を起し得ただろうか? 宇宙人の仕わざかという説も出た。しかし現場の放射能測定をやってみると、そのような可能性は全くないと分かったのである。

さらにアメリカでは一九四〇年代に、「反物質(電子がプラスの電気の〝陽電子〟を持つ物質)によってもたらされたのかもしれない」という論文が出たが、もし反物質なら、もっと上空で大気と接触したとき消滅しただろうというので、その可能性も否定された。

さらに「変った理論的可能性」としては、超ミニブラックホールの可能性をとなえた人もいる。

「ビッグバン時代に、素粒子《そりゅうし》なみの大きさで、しかも質量《しつりょう》が十億トンというような原始ブラックホールが誕生し、それが今も宇宙のどこかを漂っているという理論がある（ホーキングなど）が、そういうブラックホールならあのような大爆発を起すことができたはずだという説だ」（『文春』の三二六頁）

その他モノポールというS極かN極かだけで存在する単極子《たんきょくし》によるのかという説もあるが、これらは理論的存在で、まだ存在が確認されていないということである。このように、過去に起った現象でも、まだわからない不可思議現象はいくらでもある。宇宙時代などといって、地球の外側をグルグルと回るくらいで面白がっていても、目に見えず、測定もできず、しかも理論的にはありうるブラックホールやホワイトホールは勿論のこと、神や仏や、見えないいのちの世界を「ありえない」などと否定する考え方は、新世紀においては、全く何らの存在価値をも見出せないものと言わざるをえないであろう。

＊『生命の實相』地の巻＝昭和十年～十四年頃に発刊された。内容は總説篇（頭注版第1巻）、實相篇（同第1巻、第2巻）、生活篇（同第7巻）、教育篇（同第14巻）が収められている。

生と死の教え（完）

生《せい》と死《し》の教《おし》え

平成十三年十一月二十二日　初版発行
平成十五年　五　月　十五　日　四版発行

著　者　谷口清超（たにぐち　せいちょう）

発行者　岸　重人
発行所　株式会社　日本教文社
東京都港区赤坂九―六―四四　〒一〇七―八六七四
電話　〇三（三四〇一）九一一一（代表）
　　　〇三（三四〇一）九一一四（編集）
ＦＡＸ〇三（三四〇一）九一一八（編集）
　　　〇三（三四〇一）九一三九（営業）

頒布所　財団法人　世界聖典普及協会
東京都港区赤坂九―六―三三　〒一〇七―八六九一
電話　〇三（三四〇三）一五〇一（代表）
振替　〇〇一一〇―七―一二〇五四九

組版　レディバード
印刷・製本　光明社

落丁・乱丁はお取り替え致します。
定価はカバーに表示してあります。

ISBN4-531-05221-8

本書の本文用紙は、地球環境に優しい「無塩素漂白パルプ」を使用しています。